SER FELIZ
Con el Amor de tu vida
"Tú mismo"

SER FELIZ
Con el Amor de tu vida

"Tú mismo"

"Despierta el potencial de tu esencia"

Mónica Beltrán Pérez

Título Ser Feliz con el Amor de tu Vida "TÚ MISMO"
© 2018 Mónica Beltrán Pérez

Autoedición y Diseño: Mónica Beltrán Pérez
De la edición y maquetación: 2018, Romeo Ediciones

ISBN-13: 978-84-17259-98-3
Impreso en España
Primera edición: diciembre de 2018

La publicación de esta obra puede estar sujeta a futuras correcciones y ampliaciones por parte del autor, así como son de su responsabilidad las opiniones que en ella se exponen.
Quedan prohibidas, dentro de los límites establecidos por la ley y bajo las prevenciones legalmente previstas, la reproducción total o parcial de esta obra por cualquier medio o procedimiento, ya sea electrónico o mecánico, el tratamiento informático, el alquiler o cualquier forma de cesión de la obra sin autorización escrita de los titulares del copyright.
Nota a los lectores: Esta publicación contiene las opiniones e ideas de su autor. Su intención es ofrecer material útil e informativo sobre el tema tratado. Las estrategias señaladas en este libro pueden no ser apropiadas para todos los individuos y no se garantiza que produzca ningún resultado en particular. Este libro se vende bajo el supuesto de que ni el autor ni el editor, ni la imprenta se dedican a prestar asesoría o servicios profesionales legales, financieros, de adoptar las sugerencias de este libro o sacar conclusiones de él. No se da ninguna garantía respecto a la precisión o integridad de la información o referencias incluidas aquí, y tanto distribución, niegan específicamente cualquier responsabilidad por obligaciones, pérdidas o riesgos, personales o de otro tipo, en que se incurra como consecuencia, directa o indirecta del uso y aplicación de cualquier contenido del libro.

ÍNDICE

*Agradecimientos 9
*Prólogo Ana Pérez. 11
*El inicio de Tu despertar… 13
*¿Qué te puedo aportar en este libro? 15
*Aclaración:. 23
Capítulo 1 El Comienzo de un Nuevo Amanecer. 27
Capítulo 2 Tu Nacimiento Tuvo Sentido. 39
Capítulo 3 Cumple lo Prometido 53
Capítulo 4 Del Sufrimiento al Progreso 63
Capítulo 5 El Poder de Tu Esencia. 75
Capítulo 6 Mundo de Locos. 89
Capítulo 7 Protagoniza Tu Vida 103
Capítulo 8 Cuida Tus Semillas de Grandeza 123
Capítulo 9 Compromiso, Perseverancia y Resistencia. . 141
Capítulo 10 La Música en Tu Esencia 155
Capítulo 11 Escucha tu Soledad 175
Capítulo 12 Despliega tu Potencial 193
Capítulo 13 Valientes de Corazón y Mente 213

Agradecimientos

Agradezco a la vida la oportunidad de permitirme NACER.

A mis PADRES, que con tanto amor me recibieron y a través de ellos llegué a la vida, para convertirme en quien en realidad he venido a ser. Gracias papás, por darme tanto y permitirme dejar mi legado a la humanidad. Os quiero y os amo.

A mis antepasados, principalmente a mis abuelos. Sin ellos todo esto no habría sido posible. Gracias.

Gracias a este bendito Universo, por permitirme descubrir toda la grandeza que existe llevándola a la comprensión de mi ser y poder compartirla con el mundo.

A mis hermanos, Juan Pedro y José Ricardo, mis grandes maestros y compañeros de camino. Os amo.

A mis cuñadas Eli y Patricia, dos amores, dos hermanas que desde el silencio siguen acompañándome siempre. Os amo, preciosas.

A mi sobrina y ahijada Ainhoa, un bendito regalo para mi vida. Te amo, cariño.

A mis dos gotitas de agua, Estela y Paula, dos seres maravillosos con energía de expansión en su alma, valientes de corazón y mente. Os amo, pequeñas.

A mi pequeño Ricardo, el ángel que ilumina mi camino con su belleza e inteligencia. Te amo, mi niño.

A mis amigos y amigas, grandes compañeros de camino, que siempre están ahí, a pesar de que pase mucho tiempo entre encuentro y encuentro. Sabéis que esto va por vosotros. Os amo.

A mis mentoras/es y maestras/os, con vuestras enseñanzas me habéis inspirado mostrándome el camino. Gracias, gracias, gracias.

Creo fielmente que todo lo que deseamos desde el fondo del alma se manifiesta en nuestra realidad cuando menos lo esperamos, por eso estoy aquí agradeciendo a la vida poder transmitir mi conocimiento.

¡GRACIAS DE CORAZÓN POR MOSTRAR VUESTRA ESENCIA!

*Prólogo Ana Pérez

Con el día a día nos resulta casi imposible poder escucharnos a nosotros mismos. Desde hace siglos, numerosos artistas recrean las tres preguntas que el ser humano debe hacerse continuamente para poder crecer... son ¿de dónde venimos?, ¿a dónde vamos? y ¿quiénes somos?, pero desgraciadamente casi nadie sabe a dónde queremos ir y quién queremos ser.

Muchas veces nuestro cuerpo nos manda señales de que algo no funciona bien, e ignoramos esto, para hacer frente al día a día.

Cuando empecé a leer este libro entendí que esto es justo lo que necesitaba, una orden directa a mi corazón y mi cerebro, debía parar para saber qué debo hacer. Solo analizar qué cosas me hacen sentir bien.

Estaba tan preocupada por todo lo que me rodeaba que no me había dado cuenta de lo que yo necesitaba.

Mientras pasaba las páginas descubrí que tenía una sonrisa dibujada en mi cara porque observé que todo es mucho más fácil de lo que parece, no se trata de cambiar el mundo, eso es imposible... no se trata de cambiar lo que te rodea... no depende de ti...

El cambio debe surgir mirando hacia dentro para avanzar hacia afuera. Los problemas no desaparecerán, pero tu actitud frente a ellos te aseguro que sanará.

Si en algún momento te has sentido perdida/o y no has sabido qué dirección tomar, este libro que tienes en tus manos te puede ayudar a clarificar tu dirección, desde el sentir de tu corazón conectado a tu mente con tu esencia propia.

Me siento muy afortunada de haber sido elegida para escribir este prólogo, os aseguro que esta no será la última vez que lea este libro. Solo espero que lo disfrutéis tanto como yo.

Os deseo mucha suerte a todos y en especial a ti, Mónica.

Gracias por compartirlo con nosotros.

El inicio de...
Tu despertar...

"ERES mucho más grande de lo que ves"

MÓNICA
BELTRÁN PÉREZ

*¿Qué te puedo aportar en este libro?

Quiero empezar contándote que todo lo que aquí escribo no es una verdad absoluta, es mi visión actual de cómo siento y veo la vida en este momento actual.

A menudo nos vemos enredados en este mundo terrenal haciendo las cosas fáciles, difíciles. Eso nos estanca a no hacer lo difícil para poder tener una vida extraordinaria.

Inicié la escritura de este libro con una única intención: revelarte secretos muy potentes que inconscientemente guardas en tu interior, los has experimentado a lo largo de tus años de vida, los has aplicado en muchísimas circunstancias, aunque probablemente no les has prestado la atención necesaria.

Prestar atención a tus actos de forma constante, utilizando la fuerza, la lucha y el sacrificio es agotador, el desgaste de energía es brutal y la desconexión produce por no saber canalizar ese manantial enérgico tan poderoso que guardas dentro.

Si en algún momento te has sentido así, te comprendo perfectamente, pues yo también he tenido esa sensación en muchas ocasiones. Hasta que descubrí nuevas posibilidades que aquí te voy a compartir.

Al tomar conciencia del para qué suceden las cosas, todo empieza cobrar otro sentido.

He querido sincronizar *el trabajo de vida físico, emocional y laboral* con la creación del primer libro de esta saga, *"Ser Feliz en el Trabajo de Tu Vida"* para poner en situación de que lo sucedido en nuestro mundo físico, bajo mi punto de vista, para mí creo que es, ha sido y será, el principio del proceso de transformación en cualquier toma de conciencia que realizamos.

A continuación, acelero el proceso con nuestro preciado tesoro, *nuestro tiempo*, el que nos acompaña a todos los sucesos y experiencias que vivimos a diario.

Con el segundo libro de la trilogía *"Ser Feliz con tu bien más Preciado: El Tiempo"*, la vida nos entrega un bendito regalo todos los días, para poder avanzar en el proceso de nuestra evolución. Nunca nos paramos a pensar en los días que nos quedan por vivir.

Ahora ha llegado el momento de dar un gran salto e intensificar todo este proceso con la esencia que todas las personas emanan de su interior, esa fortaleza que todos tenemos y muy pocas veces utilizamos, esa sabiduría y conocimiento que nadie nos ha enseñado a poner en práctica en el momento oportuno, pues nos hemos dejado llevar por las influencias o manipulaciones externas a las que nos hemos vistos sometidos a diario.

El ser humano ha ido evolucionando a través de los tiempos, épocas de la vida, utilizando los recursos, fuentes de información y herramientas que se nos ha facilitado, todo cuanto la vida nos presenta, tanto en el ámbito físico como psicológico o emocional, tanto en lo tangible como en lo intangible.

Somos poderosos como la propia naturaleza en sí.

TODOS SOMOS UNO, AUNQUE TODOS NO SOMOS IGUALES.

De la Prehistoria hasta nuestros días se han ido desencadenado cientos y miles de encuentros y desencuentros con todo tipo de civilizaciones, razas, países, etc... que hemos ido creando las personas.

En este libro, en este momento presente, vas a descubrir el potencial de tu esencia, no desde la razón sino desde el corazón, desde tu propia esencia y amor.

Has de saber que has venido a vivir para algo. Ese algo lo tendrás que descubrir y yo puedo ayudarte a través de estas páginas a contemplar una nueva visión.

Dejarás un gran legado a tus sucesores al igual que lo hicieron nuestros antepasados con todos nosotros.

Si nuestros antepasados se despertaran y les contáramos que hoy día podemos hablar, sentados cómodamente a través de un teléfono móvil, con personas que están en el otro lado del mundo, posiblemente les crearíamos un trauma, ya que sus mentes no estaban programadas para esta evolución.

Lo mismo sucederá cuando nuestros hijos les cuenten a sus nietos que teníamos un aparato tecnológico el cual le dabas a un botón y con un mando a distancia, te sentabas a escuchar y ver noticias alarmantes, robos, incendios, muertes, etc., provocados todos por el propio ser humano.

Vivimos en un mundo de locura desconectados de nuestra esencia, no dejamos que nos entre luz.

En los tiempos que vivimos, todavía vamos por la vida con una parte de nuestra mente conectada al lado oscuro.

Es la programación del pasado que todavía nos aferramos a ella, sin darnos cuenta.

Es momento de despertar y dejar atrás el pasado, si no queremos lamentarnos en un futuro cercano.

Afortunadamente cada vez la luz predomina más por encima de la oscuridad, aunque su densidad sea más profunda que la propia luz. Necesitamos la oscuridad para salir a la luz con la fuerza desgarradora que nos inunda desde el alma.

Dedicarnos a despertar el potencial de nuestro SER es dedicarnos tiempo de vida a nosotros mismos. No es restarle tiempo a nada ni a nadie, es alimentar desde el corazón con los ojos de esta nueva era, lo que un día nuestros antepasados no pudieron resolver por falta de recursos, herramientas y conocimientos, que no les enseñaron.

Hoy, entre todos podemos enfrentar esos miedos, esas adversidades presentes, haciendo de todas ellas una mejor vida para toda la humanidad.

El valor que cada uno posee puede seguir dormido profundamente viendo la vida pasar o empezar a estirarse, expandirse y hacerse grande, en la dirección que cada uno elija.

Puedes elegir que sea ahora el mejor momento para despertar o puedes seguir dormido/a para el resto de tus días, dejándote llevar por las influencias y manipulaciones por las que vienes programado desde tu nacimiento.

A través de las páginas de este último libro de la saga "Ser Feliz", podrás *potenciar con conciencia y desde tu propio Ser,* todas esas preguntas que a lo largo de tus años te has preguntado a diario y nunca has sabido resolver.

Aplicando todas las herramientas que he compartido y sigo compartiendo en esta *trilogía,* podrás avanzar y posicionarte en tu momento presente con la fuerza de tu corazón en todas las áreas principales de tu vida.

También podrás darte cuenta de qué área es la que más se te resiste y cuál es la que más desarrollada tienes.

Tus dones y tus talentos necesitan ser escuchados, entrenados y comunicados al mundo externo. Si decides quedártelos para ti, jamás sabrás el resultado que puede llegar a darte.

Solo recordando momentos importantes de nuestro camino, podemos impulsarnos en ellos para este siguiente proceso.

Recuerda que todo lo que no vale *hay que eliminarlo para siempre.*

Sucede que a lo largo de la vida tenemos que dejar de hacer cosas que siempre hemos realizado, por el simple hecho de que necesitamos crecer y expandirnos.

Siempre aparecen resistencias que nos convencen, desde la mente, a no permitirnos esa autorrealización. Así se nos pasan los días, los meses y los años de vida, haciendo siempre lo mismo, complaciendo a los demás.

Hay que elevar nuestro propio estado emocional en todo momento, motivarnos a nosotros mismos, sobre todo cuando la vida te lleva a tu pozo más oscuro.

Si te ves reflejado en alguno de los ejemplos de los que aquí te cuento, te comprendo perfectamente, pues yo también tuve que transitar esa oscuridad, durante varios años y entender que era necesaria para poder sacar mi esencia y transformar mi vida en una vida extraordinaria y maravillosa, de la cual disfruto hoy. Tú también te la mereces y estoy aquí para ayudarte a conseguirlo.

Igual sientes que ya tienes una vida plena y extraordinaria. Si es así quiero felicitarte por ello.

Si todavía no la tienes, hoy aquí, vas a poder recordar ese poder celestial que llevas guardado con candado tantos y tantos años. Es el momento de destapar tu caja más preciada y mostrarte en esencia ante ti y ante los demás, permitiéndote ser de una vez por todas tú misma/o.

La caja es tu alma y la llave la tiene tu mente, abriendo tu mente destaparás tu caja y volarás libre expandiendo tu esencia por doquier.

¿Te atreves a sacar tu brillo regalándote tu propia excelencia a partir de hoy?

Solo regalándote a ti mismo/a tu aroma más divino, podrás regalárselo a los demás; solo permitiéndote mostrarte transparente y bondadosa/o, podrás ser transparente y bondadosa/o ante los demás; solo amándote tal cual eres y dándote todo el amor que nace de tu interior, podrás amar y dar amor a los demás.

ÁMATE A TI PRIMERO, RESPÉTATE, DATE CARIÑO, SÉ HUMILDE Y BONDADOSA/O, SÁCIATE DE TODA TU ENERGÍA VITAL Y DESPUÉS PODRÁS AYUDAR A LOS DEMÁS.

Este es un proceso necesario en nuestro desarrollo y crecimiento terrenal. Si te saltas el proceso, la vida te reconducirá y tendrás que volver a empezar.

Muchas veces creemos que la vida nos dice NO, cuando lo que en realidad nos está diciendo es ESPERA UN POCO.

Lee este bello ejemplo de la naturaleza...

La Flor de Loto es una planta que florece en el agua. En el simbolismo budista, el significado más importante de la Flor de Loto es la pureza del cuerpo y el alma. El agua lodosa que acoge la planta está asociada con el apego y los deseos carnales, la flor inmaculada que florece en el agua en busca de la luz es la promesa de pureza y elevación espiritual.

Esta flor es un misterio para la ciencia, ya que no se pueden explicar las características tan exclusivas que tiene al repeler a los microorganismos y a las partículas de polvo.

Nace en pantanos, entre fango, cieno, rodeada de todo tipo de fauna e insectos, impregnada de suciedad que puede arrastrar el agua junto con todos estos elementos.

Las flores en general evocan sentimientos y emociones que van desde el amor a la alegría pasando por el agradecimiento.

Como sabia que es la naturaleza, a esta flor le otorga la propiedad de seguir resplandeciendo y expandir su brillo ante las tremendas adversidades mencionadas.

Aprendamos del ciclo natural y...

SÉ FLOR DE LOTO, SAL DE TU PANTANO Y EXPANDE TU PERFUME

Empezar de cero es siempre un regalo producto de la vida; el comienzo de un nuevo amanecer nos permite prestarle atención equilibrando cuerpo, mente y espíritu, dando la oportunidad de brillar con una nueva apertura mental.

Todo en su justa medida es necesario para fluir y avanzar, desde nuestra propia esencia.

Disfruta, diviértete y abre tu mente, ello te permitirá recibir una nueva visión de todo cuanto no rodea.

Mi deseo para ti es que te enriquezcas con este libro, te diviertas y brilles con tu esencia propia.

*Aclaración:

En todas estas líneas te comparto mi visión.

Este libro no es un libro espiritual de sanación, aunque he de decir que he utilizado ciertos ejemplos espirituales bajando el concepto a la tierra.

En los primeros capítulos de este libro te hablaré de cómo siento esa unión del mundo no visible con el mundo que vivimos.

También verás cómo todo lo sucedido hasta el día de hoy no es culpa de nadie, la culpa no existe; existe la responsabilidad.

Aquí vas a poder contemplar la visión de estar sola/o y acompañada/o a la vez. Las recomendaciones del abuelo y del papá se han quedado obsoletas, es momento de trascenderlas para siempre, agradeciendo todos sus conocimientos, enseñanzas y sabiduría.

Mi intención es que de cada capítulo te lleves tu propia reflexión pudiéndola poner en práctica el mismo.

Todo se reestructura diariamente y aferrarse al pasado es matar nuestra propia abundancia presente.

Desde mi punto de vista, lo espiritual y lo material sí pueden convivir en el mismo plano, con la apertura mental que cada uno elija.

Con los pies en el suelo y el corazón en el cielo escribí este libro, pues si existe en la imaginación del hombre puede existir en el mundo físico.

Esto no es una verdad absoluta, es mi visión de la verdad y hoy te la comparto en este libro.

Deseo que disfrutes y te lo pases en grande, a pesar de las adversidades del camino, esa es la esencia de la felicidad: disfrutar, sonreír y vivir.

Por ti, porque te lo mereces.

Gracias, gracias, gracias,
Mónica

Tu mejor compañera/o de vida...

"*ERES* tu mejor compañera/o de camino, *ERES* la/el que nunca te abandonará, *ERES* la/el que siempre está a tu lado en cualquier circunstancia y adversidad, ERES la/el que se merece una vida plena llena de FELICIDAD".

¡¡¡REGÁLATE LA VIDA QUE TE MERECES!!!
"ERES EL HÉROE DE TU VIDA"

Aquí empieza un proceso en el que te puedo ayudar a crearla.

Disfruta de tu esencia y **felicítate** cada paso que avances...

Por ti, por lo que das, por lo que *ERES*.

Capítulo 1

El Comienzo de un Nuevo Amanecer

El comienzo de un Nuevo Amanecer

Somos muy afortunados de poder ver el amanecer todos los días nada más levantarnos. Cada despertar físico nos brinda oportunidades para construir, realizar e impregnarnos de las maravillas de este mundo.

Un nuevo día siempre nos da la fuerza para proponernos nuevos retos, alcanzar sueños deseados, llegar a la meta o atraer los milagros tras el esfuerzo ya realizado.

Nuestra realidad es muy diferente.

En ocasiones, vivimos tan acelerados que nos centramos más en quejarnos que en respirar. Nos provocamos nosotros mismos, sin darnos cuenta, ataques de ansiedad.

No nos damos tiempo para respirar y observar las excelencias que nos rodean.

Disfrutamos de todo cuanto tenemos: una casa, una cama donde descansar, sábanas y mantas para abrigarnos, calzado para caminar, ropa, agua para beber, agua para nuestro aseo personal, comida, un vehículo, un trabajo, etc., pero descuidamos con facilidad lo más importante:

AGRADECER.

El agradecimiento es el ayuno y desayuno de un nuevo amanecer. Es la excelencia del SER agradecer nuestra propia vida todos los días, desde el silencio y la conciencia.

AGRADECER a la vida que nos permita respirar, caminar, tener salud, tener un trabajo, una familia, unos hijos sanos y fuertes, entre muchas otras cosas.

Se nos olvida AGRADECER LAS COSAS IMPORTANTES.

¿Y sabes por qué?

Simplemente porque damos por hecho tenerlas todos los días. Siempre las tenemos ahí.

Funcionamos desconectados de nosotros mismos; tan despistados vamos que no tomamos conciencia de ello, nos enfocamos en lo que nos falta, en lo que no tenemos, en lo mal que actúan los demás, destruimos nuestros propios sueños, nos autosaboteamos inconscientemente aferrándonos a una vida física y rutinaria.

Afortunadamente, no todo el mundo funciona igual, cada despertar de cada persona va tomando otro color, otra fuerza. Se empieza a tomar conciencia de las experiencias vividas, de lo que uno desea y de lo uno que quiere apartar de su vida. No sucede de la noche a la mañana, pero llega, con paciencia y tranquilidad, si te lo propones, llega.

Este es el nuevo despertar: *hacer que cada día brille nuestra esencia un poquito más.*

Todo es energía, todo está siempre en puro movimiento, incluidos nosotros mismos, aunque no seamos conscientes de ello.

Es por eso que hoy no somos la misma persona que ayer, ni que la semana pasada. Sé que es duro digerir esto, pero esto forma parte de la vida.

Nada es igual que ayer ni será igual que mañana. Aferrarnos al pasado es dejar morir a nuestra esencia.

Algunas personas prefieren seguir soñando, aunque sea pesadillas, en lugar de preguntarse...

- *¿Y si mañana cuando despierte descubro la capacidad creadora que duerme dentro de mí?*
- *¿Dejarías despertar tu esencia o preferirías seguir dormido/a por no creer lo que eres capaz de ver, sentir y hacer contigo mismo/a?*

Sería una auténtica revelación levantarse un día y ser una persona nueva.

- *¿Crees que esto puede llegar a suceder?*

Pues sí, efectivamente, todos tenemos esa capacidad de creación y poder regenerador para conseguir nuestros más anhelados deseos.

Todo se puede conseguir, aunque no todo al mismo tiempo. Se requiere tener paciencia, entrenamiento mental, emocional y psicológico.

La frase principal sería *querer ser mejor persona que ayer. Si te comprometes contigo misma/o lo puedes llegar a conseguir.*

Cada día que despertamos somos bendecidos por el universo, el cual nos otorga una nueva oportunidad para vivir nuestra vida a nuestra manera.

El universo, la energía infinita o como cada uno quiera llamarle, nos entrega varias pistas para saber el camino que debemos elegir, aunque la gran mayoría de veces nos perdemos por los senderos de tierra, vías de servicio, carreteras embarradas, caminos cortados etc.

Pretendemos atajar y llegar antes de lo previsto al lugar, sin disfrutar del proceso, saltándonos las reglas del juego, somos muy ignorantes, queriendo ser unos privilegiados con descuentos y por supuesto sin querer pagar el precio ni en dinero ni en esfuerzo, del trayecto recorrido.

El privilegio es algo que nos lo tenemos que ganar utilizando la conciencia, el compromiso y responsabilidad, no es un regalo que se entregue sin sentido.

Pararse a recapacitar buscándole sentido a lo que hacemos debería ser un ejercicio obligatorio en nuestras tareas diarias.

Toma conciencia

Y

Reestructura tu vida a diario

Aunque nos cueste reconocerlo no solo somos un cuerpo físico, el cual aceptamos o detestamos. Somos mucho más grandes que eso. Nos han dado la oportunidad de experimentar esta experiencia terrenal a través de este traje tan hermoso que llamamos cuerpo. Esta experiencia va mucho más allá...

- *¿Te has preguntado alguna vez quién ERES?*

No voy a profundizar en el plano espiritual, eso será otro libro.

Sí profundizaré en la esencia, en las respuestas que nos nacen de dentro, en las contestaciones que nos damos a diario realizando todo lo contrario a lo que sentimos, esa es la cuestión que nos concierne en estas páginas.

"Conocerte a ti mismo es el comienzo de toda sabiduría". **Aristóteles**

A menudo nos vemos envueltos en situaciones que no queremos, sabiendo de antemano el resultado de la misma, si actuamos en contra de nuestra propia voluntad.

Eso nos sucede porque inconscientemente escuchamos a nuestra alma marcarnos la dirección a seguir, pero por miedos, temores y otras circunstancias del momento, damos un golpe de volante, giramos bruscamente cambiando el rumbo de nuestro destino.

- *¿Tiene sentido esto para ti?*
- *¿Te ha venido alguna experiencia vivida recientemente, ahora mismo a tu mente?*

***Vamos a escuchar a nuestra esencia**, ponte cómoda/o y con el libro en la mano, sigue estos pasos que aquí te escribo:*

Vas a regresar a tu pasado cercano, unos días atrás al día de hoy; vas a recordar una situación en la que tu contestación haya sido todo lo contrario a lo que sentías. Puede ser cualquier cosa. Una contestación a tu pareja, a tu hijo/a, a ti misma/o...

¿Lo tienes?

Ahora vas a imaginar que has dicho lo que sentías y tu contestación no ha sido bienvenida, pero tú te sientes satisfecha/o.

¿Ves la diferencia?

¿Has notado algún cambio en ti?

Es posible que no hayas notado nada. Los pequeños cambios, nos resulta más complicado reconocerlos; quizás dentro de unos días si vives alguna situación parecida, lo reconozcas con más claridad.

Si has notado algún cambio, esa es tu esencia actuando de forma natural, con su integridad.

Estos ejercicios tan sencillos podemos aplicarlos en cualquier momento del día, siendo conscientes de que todo es pura energía en movimiento y cada circunstancia requiere la atención necesaria.

Atendernos a diario es tan sencillo como el comer; simplemente tenemos que dedicar unos minutos de nuestro día para construir lo que en realidad deseamos conseguir.

El área de vida que más se nos resista será a la que debemos prestarle más atención.

No huyas de tus circunstancias, entiende que todo requiere atención plena y concentración para obtener el resultado deseado. A veces es más sencillo de lo que nos imaginamos. Solo es cuestión de tener paciencia y saber esperar.

Hace unos días, hablando con dos amigos, me comentaban que habían perdido su esencia, dejándose llevar por los comentarios ajenos. Cada uno de ellos tenía una circunstancia diferente, pero en definitiva los dos hicieron lo contrario a lo que sentían. Tenían organizada su vida de una forma y alguien llegó, les propuso algo diferente y se dejaron convencer.

Esto puede suceder, no es cuestión de culpar a nadie, simplemente hazte responsable y agradece.

Pasados unos días, la misma persona que les habían convencido rectificó y les devolvió su poder para que se responsabilizaran de lo sucedido.

No hubo mala fe, sino falta de comprensión. La comprensión te lleva a entender al otro, a reconocer lo sucedido, a escuchar la verdad. Una verdad que a veces puede que no nos agrade.

Cuando la cuestionamos, sacando la culpa, la vida nos reconduce al mismo punto de partida.

No caigas en el error de creer que te convencen, simplemente que contestaste lo que querías en ese momento, sin escuchar tu sentir.

Es bueno que esto suceda para impulsarte al aprendizaje y no perderte con la material en momentos puntuales.

Prosigamos creciendo, viviendo y aprendiendo...

      Queda mucha esencia por desgranar.

Capítulo 2

Tu Nacimiento Tuvo Sentido

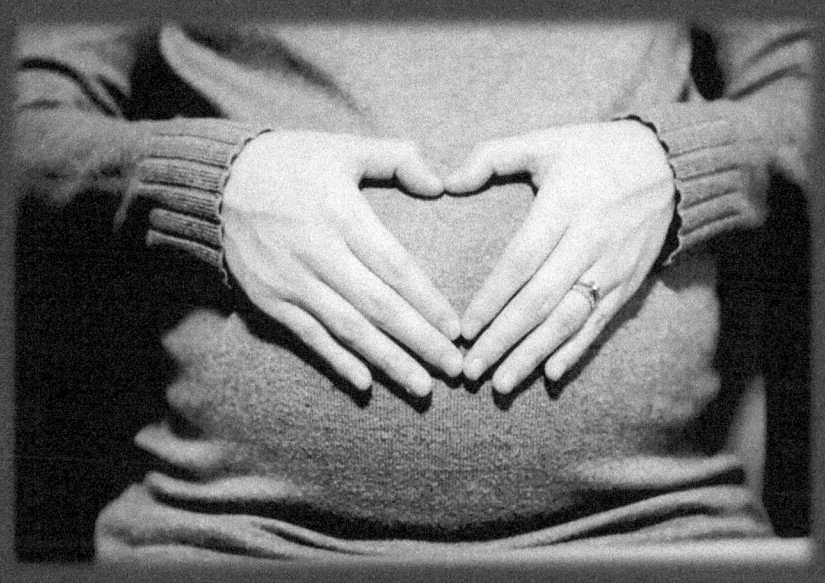

Tu Nacimiento tuvo Sentido

Si profundizamos en el nacimiento de cada uno de nosotros, podemos encontrarnos con sorpresas muy gratificantes, sorprendentes y necesarias en este bello despertar.

No cabe la menor duda de que **Sí** tuvo sentido tu nacimiento y el de todos los seres de este planeta.

Pero vayamos por partes.

Hay una pregunta que podría ir más al origen, siendo más concreta.

La pregunta sería:

¿Para qué nacemos?

Nacemos para ser felices en esencia, restaurar el amor en nosotros, en los demás y disfrutar nuestras vacaciones en este planeta llamado Tierra.

Sí, de veras que no hay otra razón esencial a nuestro nacimiento.

Aunque nos cueste reconocerlo somos un cuerpo físico, con un sistema interno lleno de conexiones neuronales, nerviosas, sensitivas, órganos, músculos y millones de cosas más que no vemos.

Sabemos lo que nos han contado personas físicas, científicas, médicos, especialistas, etc., porque ellos se han ocupado en explorar nuestro mecanismo interno, aplicando su conocimiento, experiencias y sabiduría.

También sabemos, sobre nuestro cuerpo físico, lo que cada uno de nosotros hemos averiguado a través de la lectura, documentales, experiencias personales o familiares, etc.

Lo más curioso es que el ser humano indaga en lo mental, dejando a un lado el sentir y ahí es donde se encuentra con la verdad que no quiere escuchar.

En todo ese mecanismo interno nacen todas las emociones generadas por nuestro organismo, dando lugar a sensaciones y sensibilidades que provienen del Ser.

Aunque no recordemos ese momento, nacemos porque lo elegimos, porque nos regalan la oportunidad de vivir y experimentar el libre albedrío, las fiestas, los encuentros, desencuentros, tristezas y alegrías.

Aquí se encuentra la esencia de nuestra existencia, pero el ser humano sigue sin creerse esto.

Somos seres espirituales, envueltos en un cuerpo físico, viviendo una experiencia terrenal, que nos envían para cumplir nuestra misión, desarrollar nuestros talentos a través de los dones que llevamos en nuestra esencia. Por eso sentimos cosas, desarrollamos la intuición y a veces no podemos expresar eso en palabras porque lo queremos llevar a la mente en lugar del corazón.

¿Te ha pasado alguna vez no poder expresar en palabras lo que sientes?

Ese sentimiento proviene del corazón que comprende lo que la razón jamás podrá comprender.

Tenemos la oportunidad de desarrollarnos, expandirnos y compartir con el mundo nuestra grandeza o podemos optar por no hacer absolutamente nada de esto y vivir solo el sufrimiento terrenal.

Seguro que los más escépticos estarán pensando que todo esto son boberías, probablemente tengan razón.

Como decía Henry Ford: "Tanto si crees que puedes, como si crees que no puedes, estás en lo cierto."

Otra de las razones por las que nacemos es también para morirnos, pero menuda faena, nos dan alas y luego nos las cortan.

Esto forma parte del juego de la experiencia terrenal. Todos sabemos que nos vamos a morir, pero no nos preparan para ello. Nadie habla de la muerte como algo natural, sabiendo qué ocurrirá, todavía sigue siendo un gran tabú para la sociedad.

Quizás en algún momento hayas pensado que tú no elegiste venir a este mundo, que te mandaron a vivir sin tu consentimiento, dándote un rol que no quieres.

Quizás no entiendes por qué eres el mayor, el pequeño o estás en medio de varios hermanos. Tampoco entiendes por qué naciste chico o chica.

Todas estas preguntas tienen sentido en otro mundo, pero no aquí en el nuestro. Aquí podemos llegar a la comprensión que el orden establecido no altera los factores, aunque en algunos casi sí lo altera y mucho.

Unos nacen con estrella y otros nacen estrellados.

Unos son unos privilegiados y otros son muy desgraciados. Unos viven la vida a su manera y otros sobreviven las dificultades externas a diario.

Todo tiene una explicación que debemos descubrir nosotros solos.

Nos mandan aquí con una maleta llena de cosas, que pesa una barbaridad y encima nos dan la amnesia suficiente para no recordar ni de dónde venimos. Somos muy valientes por semejante acto.

El mundo superficial es más llamativo que el mundo espiritual, lo físico lo vemos y lo no físico es nuestra creación.

Según la ciencia (AECC) *desde el óvulo fecundado hasta la muerte, cada individuo tiene exactamente la misma dotación genética.*

Cada persona de forma individual debe profundizar en sí misma para descubrir la función del para qué ha venido a vivir.

Una vez hablado un poquito de esta experiencia desde el plano espiritual... vamos a bajar a la tierra, el concepto del para qué nacemos... pero antes quiero aclarar algo.

Evidentemente tiene un gran sentido nuestro nacimiento, nuestro paso o paseo por nuestra vida.

Como todo está cambiando tan rápido, prestarle atención a nuestros orígenes nos resulta bastante complicado.

Las personas que suelen indagar en sus orígenes suelen utilizar la mente para comprender el motivo de su nacimiento. Se mete en el recuerdo transitando por su infancia recordando momentos y detalles que les impactaron. Es la primera toma de conciencia. También es un momento muy crítico, pues la infancia marca nuestra vida a pesar de su corto período de tiempo.

Otras personas recuerdan su vida desde niños a partir de los 10 años, en cambio otras han borrado esa etapa y se centran más en la adolescencia o ya en su juventud.

Dependiendo de lo que más les haya dolido los zapatos que llevaban puestos en aquel entonces, se detienen a indagar más o menos en sus diferentes etapas de vida.

Por último, están las personas que no se cuestionan nada de esto en absoluto. Vienen, viven y se van.

En esta búsqueda puede removerse mucho dolor, es cuestión de tener paciencia, si de verdad desea obtener contestación al origen de una/o misma/o. Puede resultar doloroso y sorprendente indagar en el árbol genealógico de alguien.

Desde la antigüedad hasta nuestros días, han existido alteraciones y cambios en las generaciones. Todas las generaciones han vivido, viven y vivirán cambios rotundos desde sus orígenes.

Siempre han existido y existirán hermanos con padre o madre diferente.

En este país está legalizado poder casarte y separarte cuando lo decidas y volver a formalizar tu vida con otra persona, creando una nueva línea genealógica cuya descendencia sea paralela a tus orígenes.

Y así sucede la vida...

Todo tiene sentido y tu nacimiento muchísimo más.

Lo más cercano para explicar el nacimiento se basa en experiencias espirituales, no religiosas, que es muy diferente.

Si esto es así, habrá que hacerle caso o encontrarle un sentido lógico que pueda llegar a ayudarnos el para qué nacemos con esa maleta tan cargada de emociones, circunstancias y lecciones.

Ahora sí vamos a poner los pies en la tierra....

Si el promedio de vida en el 2017 en España era de 82, 83 años...

- *¿Te has preguntado alguna vez por qué nuestra infancia es tan corta y marca tanto el resto de nuestra vida?*
- *¿Nacemos para trabajar, estudiar, formar una familia, independizarnos, educar a la siguiente generación, etc.?*

Si nos vamos a nuestra esencia de forma consciente, cada uno de nosotros podemos expresar palabras parecidas para poder justificar estas preguntas.

Para empezar, se puede decir que el estado natural del ser humano es el amor y su opuesto es el miedo, por lo tanto del amor al miedo tan solo hay un paso.

¿Te suena "del amor al odio tan solo hay un paso"?

Esta es una invención del hombre, como otras muchas, que nos inventamos para escondernos de la verdad. Aquí empiezan los primeros encuentros de desamor hacia nosotros mismos. Cuando nos creemos que los demás nos hacen daño.

Las personas en estado puro son el amor, esa es la esencia infinita que reside dentro de todos y cada uno de nosotros, lo que sucede es que no todo el mundo la sabe manifestar de la misma forma.

Hay personas que manifiestan la falta de amor gritando, insultando al otro. En realidad es una petición de amor en toda regla.

Probablemente te estés preguntando por qué lo sé. La contestación es muy sencilla.

Porque cuando aprendes a **dejarte en paz**, apartar obstáculos de tu camino y te enfocas en tu meta, aprendes a mirar a las personas con los ojos del amor desde la paz y la comprensión.

La comprensión te ayuda a empatizar con el otro, a escuchar en silencio, a contemplar la petición que tienen las personas hacia ti o hacia ellas mismas.

Lo que sucede es que cada uno está en un proceso diferente en el cual no podemos interferir a no ser que nos pidan ayuda.

Deja de ayudar al otro, igual no quiere tu ayuda. No pienses por él, déjale que él decida.

A veces una contestación o ayuda viene disfrazada con insultos y amenazas. Es cuestión de paciencia, templanza y serenidad. Respirar nos ayuda a comprender.

Tú también puedes aprender a detectar carencias o excesos en las personas, parece complicado pero no lo es. Es bien sencillo. Practica contigo y podrás ayudar a los demás.

En primer lugar tienes que empezar por ti, aprender a mirarte a ti misma/o con los ojos del amor.

VAMOS A HACER LA PRUEBA:

Ponte delante de un espejo, mírate directamente a la pupila, sin pestañear, durante 5 minutos. Obsérvate y verás que pasa.

Cuando lo hagas entenderás por qué te digo esto.

Si te miras en el espejo fijamente a la pupila encontrarás a tu SER, a tu esencia divina.

Al principio asusta, pero una vez que realizas esta acción de forma continua, asimilas parte de ti que permanece dormida. Puedes hacer este ejercicio con otra persona, así experimentarás otra visión.

No me creas a mí, cree en ti y HAZLO.

Todos NACEMOS para cumplir sueños, por lo tanto, ¡¡¡despierta!!!

Sí, has leído bien, SUEÑOS, y esos sueños son recordar quién eres y para qué estás aquí.

Nuestro nacimiento tiene una misión: restaurar el amor en nosotros y en los demás a través de los talentos, habilidades, o trabajos que queramos desarrollar.

Conforme cumplimos años, cumplimos también un grado de conciencia cada uno de nosotros, la velocidad a la que vivimos nos hace ser más prácticos cada día.

Dedicarnos más tiempo a nosotros mismos y a nuestros seres más queridos **es esencial**. Las mejores contestaciones a tu Ser te llegan estando con los tuyos.

No hay marcha atrás cuando se alcanza un grado de conciencia, es totalmente imposible volver al principio. Es como cuando aprendemos a caminar, ya no podemos dejar de hacerlo. Se queda innato en nosotros.

Es ahí cuando puedes descubrir cuál es tu propósito de vida a través de un trabajo o de un hobby.

El servicio que des a los demás será tu legado más preciado para tu siguiente generación. Todo lo que des será lo que sigas recibiendo para completar tu ciclo vital.

Es el mismo proceso que realizaron nuestros antepasados con las circunstancias de vida que tuvieron que vivir ellos. Ellos nos dejaron un legado que puede gustarnos más o menos.

Hicieron cuanto supieron y tenían en sus manos. Gracias a todo lo que ellos sobrevivieron, vivieron y superaron, podemos disfrutar nosotros hoy día su legado. Hagamos lo mismo con nuestra siguiente cadena de descendientes.

Somos responsables de mejorar nuestras vidas con lo que nos enseñaron; lo que aprendemos aquí, tenemos la obligación de compartirlo, desde nuestra esencia, a nuestros sucesores, este es el ciclo de la vida.

¿Recuerdas la película del REY LEÓN?

Una película esencial que podemos disfrutar en familia, sacando nuestra esencia más infantil a disfrutar de ella.

"SOMOS UNOS AUTÉNTICOS PRIVILEGIADOS Y TODAVÍA NO NOS HEMOS DADO CUENTA"

Escanea este código y mira esto:

¿Te ha gustado?

Sigamos disfrutando y descubriendo el origen de nuestra existencia, colocando los pies en el suelo, con cimientos sólidos y fuertes. Construye tu vida en una roca, si lo haces en la arena, el primer viento fuerte la derrumbará.

No podemos pretender que, desde que llegamos hasta que nos marchamos de esta vida, nos den un manual de supervivencia, porque eso es imposible.

La sociedad ya tiene establecidos bastantes manuales y normas. Simplemente debemos respetarlas aunque no nos gusten y no alimentarlas.

El manual que tienes que alimentar es el tuyo propio.

Tu manual te lo creas tú, lo rompes y confeccionas cuantas veces necesites. Tu obligación es hacer crecer el planeta y expandir el amor en él.

Por este motivo, juega, experimenta, expándete, estírate pero no te permitas encoger. Alguien podría verte, robarte tu esencia y te quedarías perdida/o.

Ser majestuoso con uno mismo es ser majestuoso con los demás. Empieza a darte a ti lo que le darías a los demás, imprégnate de tu propia esencia independientemente de cuál pensamiento te ronde por tu mente.

Te han regalado la capacidad de hacer cosas maravillosas, atrévete a descubrirlas a pesar de las adversidades, disfruta de ellas y deja un buen legado a tus hijos. Reconoce tus valores e integridad y compártelos con el mundo.

Las personas están deseando ver el potencial que guardas en tu SER, el cual llevas reprimiendo durante toda tu vida.

Permitirte vivir en esencia es reconocerte a ti misma/o.

Permitirte vivir en esencia es estar en paz contigo.

Permitirte vivir en esencia es saber escuchar en silencio la oportunidad.

Permitirte vivir en esencia es dar el salto ante tus seres más queridos y decirles:

¡BASTA YA!
¡OS AMO, PERO TENGO QUE SEGUIR MI CAMINO!

Esa valentía y coraje que nace de dentro es la esencia de nuestro SER.

Sé tu propio Rey Mago y rompe las condenas familiares de este mundo superficial, profundiza con la excelencia del rey o reina que ERES.

Predica tus valores con tu propia esencia, puede que la persona que menos esperes te esté observando

y la ayudes a ella también a sacar de su Ser el Rey Mago que un niño desea tener.

"CUANDO ERES CAPAZ DE RECONOCER **QUIÉN ERES**,

EL MUNDO GIRA Y GIRA Y NO TE DETIENES JAMÁS

LLEVAS INTEGRADA TU ESENCIA,

ACTÚAS A PESAR DEL MIEDO,

VIAJAS Y ENSEÑAS A LOS DEMÁS A

QUE VIAJEN CON SU PROPIA MALETA"

Conforme adquieres más y más conciencia, la maleta de tu nacimiento va creando espacios, se queda más vacía pues no necesitamos tanto para vivir. Tan solo necesitamos motivarnos, crear las ganas para autorrealizarnos y enseñar a los demás a que preparen su partido, salgan a jugar y marquen el gol de su vida.

¿ESTÁS PREPARADA/O PARA MARCAR?

Primero... tendrás que salir a jugar.

La teoría es muy sencilla, lo sé. Pero te animo a que salgas a jugar el partido de tu vida.

Esta pregunta y reflexión te pueden ayudar:

¿De qué manera puedes ayudar a crear un mundo mejor?

- <u>Ve a lo simple</u>, a lo que por naturaleza sabes hacer y eres el mejor en ello. Hazte una/un EXPERTA/O de tu materia.

- <u>Elige aquello que te haga FELIZ</u>, aquello que mueva tus emociones como una brújula.

- Con esa experiencia, PIENSA, MEDITA cómo puedes ayudar a los demás. <u>No te pongas límites</u>, crea todo cuanto puedas. Ese será tu legado, tu huella para la humanidad.

- Piensa <u>cómo quieres que te recuerden</u> los que vinieron a compartir contigo la experiencia de la vida.

- Recuerda que <u>cuanto más te expandas, más fácil será dejar salir tu propia esencia</u>. Que no te pueda el miedo, atraviésalo con respeto, experimenta esa etapa.

Cuando menos te lo esperes, estarás creando de forma natural e integrando, **el programa de tu vida**. En este libro te enseñaré cómo puedes crear tu propio programa.

Nos desarrollamos a través del trabajo porque es el lugar donde mayor número de horas pasamos en nuestra vida, pero también podemos extrapolar este proyecto a nuestras familias, hermanos, hijos, etc., para solucionar conflictos personales que podamos haber tenido o tengamos en el presente y no repetirlos nunca más.

"Todos somos humanos y todos nos equivocamos"

Permítete equivocarte. Sé tolerante y flexible contigo misma/o, date siempre lo mejor, ERES el amor de tu vida.

Sentir te ayuda a crecer, la conciencia expande tu conocimiento. Funde tu sentir con tu conocimiento y mostraras tu excelencia al mundo, permitiéndote brillar, acompañando a los demás a que también brillen como luciérnagas.

En el siguiente capítulo, te hablaré se esto en profundidad:

"Cumple lo prometido disfrutando de esta experiencia, para eso has nacido. Tu nacimiento es importante para ti. Todas las personas que te encuentres en tu vida traerán lecciones nuevas que aprender, recuerdos para crecer e historias para trascender".

"Vive como si fueras a morir mañana, aprende como si fueras a vivir siempre".

Gandhi

Capítulo 3

Cumple lo Prometido

Cumple lo Prometido

A diario nos prometemos a nosotros mismos que vamos a cambiar, vamos realizar acciones diferentes, vamos utilizar otras palabras y expresarnos de una forma distinta, porque lo que hemos utilizado hasta el momento no nos ha dado buen resultado... *Pero se nos olvida*, nos cuesta mantener ese compromiso con nosotros mismos.

Nos rodeamos de personas y circunstancias que nos hacen cambiar de opinión, nos convencen fácilmente sin darnos cuenta y cuando tomamos conciencia es demasiado tarde.

Nunca es demasiado tarde para rectificar. Eso es una creencia que han hecho creer y nos la hemos creído.

Cometer un error no es motivo para castigar a nadie de por vida, aunque muchas personas crean ese imago en sus mentes y te sentencien para siempre.

La gente cree lo que quiere creer, se justifican constantemente de sus errores en lugar de mostrar la humildad, pedir perdón y rectificar.

> Si haces difícil lo fácil, jamás podrás llegar a realizar lo difícil y disfrutar de una vida maravillosa.

Por lo tanto, no te sientas culpable si en algún momento no has sido tú mejor versión con tus palabras, estos o acciones, pide perdón por haberlas manifestado de una forma inadecuada.

Actuar por impulso es un acto humano y natural que podemos educar y entrenar. Todo es entrenamiento diario y rectificar es de sabios.

El poeta Alexander Pope decía: "Errar es humano, perdonar es divino y rectificar es de sabios".

Rectificar demuestra la sabiduría del ser humano cuando no es forzada por las circunstancias, sino que se aplica la inteligencia intelectual libremente.

Por este simple motivo, el perdón debe permanecer presente en nuestra vida.

Con la misma sencillez con la que lo escribo, lo aplico a mi vida a diario. Las personas me dicen:

¡Mónica, no es fácil! Y yo les contesto que es cierto, no lo es, pero sí tiene solución... Deja las excusas a un lado y ponte hacer lo que tienes que hacer...

¡Soluciónalo y comprométete contigo!

¡Haz fácil lo difícil y verás nuevos resultados!

Perdemos mucha energía hablando y al mismo tiempo generando problemas nuevos. La solución es sencilla: habla menos y haz más.

Si no estás 100% seguro de realizar algo, es preferible que digas que no desde el principio. Pero si sientes que dentro de ti permanece esa fuerza de cumplir tu promesa, ve con ella hasta el final, jamás te arrepentirás.

El arrepentimiento *será no haber aprovechado la oportunidad.*

COMPROMISO + RESPONSABILIDAD = RESULTADOS

+

INTEGRIDAD + VALORES = NUEVOS RESULTADOS

+

HACER LO QUE TIENES QUE HACER

+

TUS VALORES INTEGRADOS

=

UNA VIDA EXTRAORDINARIA PRÓSPERA Y RICA

Todos merecemos una vida extraordinaria, próspera y rica, para ello hay que deshacer cosas y volver a hacer otras cosas.

Quiero compartir contigo el contenido de esta frase, desglosándola por partes:

"Cumple lo prometido disfrutando de esta experiencia, para eso has nacido. Tu nacimiento es importante para ti. Todas las personas que te encuentres en tu vida traerán lecciones nuevas que aprender, recuerdos para crecer e historias para trascender".

"Cumple lo prometido disfrutando de esta experiencia, para eso has nacido":

Todos los días te aporta y aportas valor a los demás, de forma consciente o inconsciente. Es una ley universal, DAR Y RECIBIR. El disfrute de esta experiencia es necesario, siendo consecuente de que se puede mejorar.

Resulta agotador estar siempre controlando mentalmente todo cuanto hacemos. Es por ello que si no tomamos conciencia, en el momento presente, podemos crearnos nuestro propio infierno utilizando la fuerza y resistencias.

Eso nos crea un desgaste brutal de energía impulsado por nuestro cerebro más primitivo, el reptiliano o también llamado complejo-R, que siempre está al acecho de los temores, en lugar de las oportunidades.

Este cerebro primitivo controla nuestros comportamientos instintivos, centrados en las actividades más básicas de la supervivencia. Ahí se esconde la agresividad, dominación, marcando territorio. Está lleno de memorias ancestrales, controla la respiración y el latido cardíaco, el equilibrio y el movimiento muscular.

Tener el conocimiento de que esto reside en nuestro cerebro nos ayuda a transformarlo a nuestro favor, pudiéndonos ayudar a nosotros mismos, con la información que nos da, a controlar nuestras respuestas directas e instintivas.

Disfruta de las experiencias, has venido a vivirlas, has nacido para experimentar desde tu esencia más divina.

"Tu nacimiento es importante para ti":

Tú decides estar aquí en presencia, avanzando, según tú decidas. Invertir en ti te hará crecer a un ritmo acelerado.

Aprende cada día una cosa nueva que pueda servirte a ti y a los tuyos. Paga el valor por adquirir nuevos conocimientos, eso te ayudará a que tú también pongas tu precio cuando llegue el momento de mostrárselo a los demás, a través de una profesión o dedicación.

No negocies tu vida, aplica tus valores e integridad a tu nacimiento. Te mereces tu propia lealtad. Integrándola en ti podrás ser leal a los demás, pero no antes.

El idioma más importante hoy día ya no es el inglés, es la tecnología, actualízate e incorpora conocimientos nuevos a tu vida.

"Todas las personas que te encuentres en tu vida traerán lecciones nuevas que aprender, recuerdos para crecer e historias para trascender":

A lo largo de todos los años, nos vamos encontrando con diferentes tipos de personas. Unas te enriquecen y aportan valor a tu vida, son las que decides quedarte para siempre.

Otras aparecen para enseñarte lecciones o recordarte aprendizajes olvidados; otras, en cambio, llegarán para desafiarte y ponerte pruebas.

Todo es correcto, forma parte de tu tránsito por la vida.

ERES tú quien tiene que decidir poner los límites, con todo el conocimiento y sabiduría que llevas dentro.

Tus actos traen consecuencias, elige las consecuencias con responsabilidad y coherencia, así atraerás nuevos resultados.

Cumple tu promesa de ser tú mismo en cada momento, entrénate a diario y deja tus excusas a un lado. Empieza en pequeñito y enriquécete por el camino. Concentrar tu energía te hará mantener el equilibrio.

Pero...

- *¿Qué sucede cuando nos perdemos en el arrebato del día a día por las circunstancias del momento y los gritos ajenos de los demás?*

Pues sencillamente que nos sentimos mal, nos desequilibramos, perdemos nuestra paz, pudiendo tardar días, meses o años en recuperar nuestra esencia.

Todo dependerá de ti. Tu nivel de conciencia o tu espíritu siempre van de la mano, te guían en todo momento, esa es la intuición. Si algo no resuena contigo, atiéndelo. Hazte caso y coge las riendas de tu vida.

Si no eres feliz con lo que tienes, empieza a pensar YA en cómo puedes solucionarlo. Marca AHORA qué hora del día vas a dedicar a prestarte atención y hacer lo que tienes que hacer, lo que tanto te cuesta realizar.

Empieza a decidir con confianza y seguridad.

Sé íntegro contigo y CUMPLE LO PROMETIDO. Ya sabes que aquello que no haces la vida te lo recuerda.

Los deportistas de alta competición todos los días se dedican a entrenar, aparte de que sea su profesión, es una dedicación y saben que si no entrenan, nunca podrán ganar. El foco lo ponen en la mente y el cuerpo les sigue.

Haz tú lo mismo, entrénate a diario y marcarás un antes y un después en tu vida. Si lo has visto en tu mente puedes verlo en tu vida, esa es la energía de expansión que tienes que alimentar.

Si es un proyecto laboral, empieza a invertir energía en él. Ese proyecto lleva años deseando ver la luz, llevas años posponiendo el momento.

- *¿Lo harás mañana, lo harás en vacaciones, lo harás el domingo, lo harás cuando tengas un hueco?*
- *¿Cuándo lo harás?*

Esto es lo que llevas diciéndote toda la vida, reprimiendo la emoción de mostrar al mundo tus dones y talentos.

Deja de perderte en el qué dirán los demás o cómo se tomarán tu decisión, lo importante eres tú.

Cuando cumples lo prometido tu alma se ensancha, crea nuevos espacios para seguir creando, entra aire renovado a tu Ser, es la sensación de haber conseguido lo que te prometiste.

Créeme cuando te digo que la experiencia es gloriosa y tu vida alcanza plenitud.

Todo cuanto has aprendido hasta el día de hoy tiene sentido para tu progreso, sigue alcanzando metas y ascendiendo en tu carrera de la vida.

Da igual la edad que tengas, da igual el trabajo que tengas, da igual cualquier circunstancia que actualmente viva en ti.

Todo eso son excusas. Tienes un plan que cumplir contigo, es crearte tu vida y romper los moldes del pasado.

Lo que prometas bajo la luna, cúmplelo al salir el sol.

Es muy emocionante ver salir el sol y cumplir lo prometido

Hasta el momento he sido muy sutil en el concepto que he mostrado, ahora empieza lo bueno de verdad.

Capítulo 4

Del Sufrimiento al Progreso

Del Sufrimiento al Progreso

A lo largo de las etapas vividas, recibimos información de todo tipo que van germinando muchos pensamientos conforme hayamos plantado la semilla del conocimiento en cada momento.

Es tanta la información recibida, desde pequeños hasta el día de hoy, pasando por la infancia, adolescencia, juventud, período laboral y social, etc., que aprender a seleccionar lo más apropiado requiere de una atención constante.

Seleccionar las semillas adecuadas y cultivarlas es nuestro abono diario.

Tomar decisiones siempre es algo que impacta nuestro estado mental y emocional, es algo que hacemos a diario con todo.

> **"Cuando algo te importa de verdad, es cuando pones la atención plena mental y emocional a trabajar"**

Realizar un trabajo con uno mismo de carácter introspectivo es una buena solución a la hora de tomar decisiones importantes.

Muchas veces nos aterrorizamos y no tomamos acción para averiguar lo que nos inquieta, lo que nos genera incertidumbre o frustración. No observar nuestros propios miedos e inseguridad hace que se tambaleen los pilares principales de nuestras áreas de vida.

Tenemos a nuestra disposición múltiples herramientas gratuitas para sostener con firmeza nuestros cimientos y poner solución a esto. Hay que buscar lo que necesitamos en el momento apropiado pero no alargarlo en el tiempo, pues eso nos causa sufrimiento.

Si aprendes a mantener una postura firme, tomando la iniciativa de dar ese paso, puedes transformar esa debilidad en una fortaleza. Tu propia inteligencia interna buscará la forma de impulsarte, aunque sea a través del miedo.

Vamos a realizar una reflexión rápida.

Piensa en esto:

* *¿Has tomado alguna decisión hoy?*

* *¿Te ha sido fácil tomarla?*

* *¿Ha sido algo importante para ti?*

Si has contestado con facilidad a estas preguntas, te felicito. Estás avanzando, respetando y elevando tu nivel de conciencia.

Todos los días tomamos decisiones aunque sean de cosas o circunstancias muy simples.

Pero *¿qué sucede cuando sabemos que tenemos que atender algo y por miedo no lo atendemos?*

Dejamos que pase el tiempo, lo aplazamos, decimos que lo vamos a hacer y no lo hacemos, y los días pasan y pasan con ese pensamiento pegado a la mente.

Estamos dando permiso a que aparezca el sufrimiento, damos paso a crear películas inexistentes en nuestra mente, contaminándonos de todo tipo de pensamientos.

¿Eres consciente de la cantidad de pensamientos que creas a lo largo del día?

La mente humana es capaz de generar más de 60.000 pensamientos a diario. Afortunadamente, nunca llegan a pasar ni tres cuartas partes de lo que pensamos, pero el desgaste mental es brutal y desperdiciamos nuestro valioso tiempo.

> *El dolor es inevitable pero el sufrimiento es opcional.* **Buda**

El sufrimiento es una opción que podemos desechar en el momento que tomemos la decisión. Es así de simple.

Lee esto atentamente:

Nadie te va a enseñar a tomar decisiones. Te dirán que tienes que hacerlo pero no te enseñarán. Solo tú aprenderás a hacerlo, cuando tú lo decidas.

Por lo tanto, haz lo que tienes que hacer te cueste lo que te cueste. Deja tus excusas a un lado y no te engañes más. Es tu obligación realizarte.

Recuerda todas las herramientas poderosas que ya tienes a tu disposición, la motivación principal nace de dentro de ti, tienes que alimentarla al igual que alimentas tu cuerpo físico. Dale de comer pues la salud no es solo comer bien, sino alimentar buenos pensamientos.

La reestructuración mental y emocional es un trabajo de dedicación diaria.

Si has elegido leer este libro es porque sientes la curiosidad o deseas encontrar algo que te inspire en tu vida.

Desde mi propia experiencia he llegado a comprender que cada uno elige su vida. Cada persona tiene una vida diferente, pero en realidad todos buscamos tener paz y estar cada día mejor con nosotros mismos.

La teoría es preciosa, divina diría yo, pero cuando pasamos a la acción es cuando realmente entendemos nuestra propia historia.

A nadie le gusta indagar en sus miserias, pero llega un momento en la vida que tienes que hacerlo para eliminar toda esa porquería que te envenena por dentro.

Repito, no es fácil y nadie te enseñará a hacerlo, simplemente hazlo y no pienses.

Quiero compartir contigo algo que me resultó muy interesante. Es una historia. Cuando la leí por primera vez, no le hice mucho caso, pero algo sucedió en mi vida posteriormente que me hizo recordarlo.

¿Has escuchado hablar alguna vez del Viaje del Héroe?

El viaje del héroe es nuestra travesía de aprendizaje por la vida.

Las historias contienen en su seno a la vida, por eso a las personas les apasionan tanto. Por ese motivo están presentes siempre en todas las culturas.

Joseph Campbell encontró el patrón común de las historias y lo llamó *el Viaje del Héroe.*

Este viaje está presente en las historias religiosas, en la literatura, mitos, leyendas, películas incluso en videojuegos.

Las historias forman parte de la vida que vamos transitando y que nos va transformando. Contienen y condensan la esencia pura de la vida.

Así lo detalla Josep Cambell:

Una persona, el Héroe, se encuentra viviendo en su mundo ordinario, en su zona de confort. Cuando algo sucede que lo saca de su mundo y lo obliga a emprender un viaje real o metafórico en busca de su propósito, ese el llamado a la aventura.

Entonces entra un mundo extraordinario, la zona desconocida, real o simbólica, que tendrá que explorar. En dicha zona, avanza luchando y superando obstáculos que le van dando experiencia.

Se encuentra con aliados, mentores, enemigos, maestros, de esa forma avanza hasta una cueva honda, profunda y muy oscura.

En ese instante es cuando se cree que está más lejos de alcanzar su propósito, siente que no lo logrará. Le aparecen en su mente dragones, dinosaurios y monstruos, etc.

En el mundo físico podemos detectarlos en las rupturas sentimentales o emocionales (una separación o la pérdida de un trabajo). Es el momento en el que se siente perdido, el peor momento de su travesía.

Es el punto de inflexión de dicha travesía, pues no conseguirá su propósito a menos que cambie, supere, descubra o se dé cuenta de algo.

Una vez se dé cuenta de ese algo sale de su cueva y lucha su batalla final en la que pone en juego todo lo aprendido en el camino.

Ahora sí, el personaje vuelve a su mundo ordinario, pero transformado. Ya no es el mismo ni volverá a serlo jamás.

Puede haber alcanzado o no su propósito, pero lo que está claro es que jamás volverá a ser quien fue. Es una persona renovada con una gran lección aprendida, la lección de vida que necesitaba para su nueva transformación.

Este viaje es una espiral infinita de crecimiento porque cuando creemos que ya terminó, pronto empezará otra nueva travesía del Héroe. Nunca terminamos de aprender.

Así vamos adquiriendo experiencia, enriqueciéndonos con toda la sabiduría que recogemos por el camino.

"Cuando el camino se vuelve oscuro, nunca es el final, es la puerta que te conduce a la nueva oportunidad a la renovación de tu viaje por la vida que por derecho y excelencia te mereces disfrutar".

"Si tú no te empujas, te empujará la vida; nunca dejes de pedalear; detente solo para descansar, beber agua y continúa, descubriendo lo que detrás de cada puerta tiene la vida preparado para ti".

Si has experimentado alguna vez una situación como la del Viaje del Héroe, sabrás lo extraordinario que es el regreso.

Hay experiencias auténticas que te llevan a un siguiente nivel, en un período corto de tiempo, te impulsan a sacar tu propia basura sola/o. Es de la única forma de no volver a repetir una situación tan cruda. Podrás vivir situaciones similares más adelante, pero esa no la olvidas jamás. Las utilizarás de experiencia para tu próxima travesía.

Crecerte ante las adversidades y superar tus propios duelos te hace fuerte. La vida siempre te pone en el camino todo aquello que estás preparado para enfrentar y superar, aunque en la oscuridad de tu cueva, crees que no puedes conseguirlo.

Cuando atraviesas un proceso introspectivo de estas características, es cuando te das cuenta de verdad que las contestaciones de lo que buscas fuera las tienes dentro de ti.

Hace unos años viví mi propio Viaje del Héroe.

Me quedé sin trabajo, sin pareja y vendí la que entonces era mi casa. Empecé de cero, pero me sentía muy perdida.

Ahí empezó mi viaje...

Si me llegan a contar lo que iba a suceder, no me lo habría creído.

Estaba tan hundida que solo veía la oscuridad. Tenía dos opciones: *hundirme del todo o salir de ese agujero, transformada.*

Hasta que...

Tomé la decisión de rendirme, tocar fondo y salir transformada, convirtiéndome en la heroína de mi vida.

Doy gracias a la vida por ese gran empujón. Gracias a eso me di cuenta del poder y la fuerza ilimitada que emana nuestro interior.

¿De dónde salió esa fuerza? En su momento no tenía ni la menor idea, hoy día sí lo sé. Esa fuerza sale del corazón impulsado por la fe.

Lo que la razón no entiende, el corazón y la fe lo transmiten a la perfección.

El dolor ocasionado fue necesario para alcanzar el progreso, fue una auténtica transformación de vida.

El aprendizaje fue divino, es por ello que para Ser Feliz, mi estrategia más brillante siempre ha sido TOMAR DECISIONES.

Otra de las estrategias que integré fue aprender a felicitarme a mí misma por los resultados obtenidos. Es de vital importancia felicitarte cuando algo lo haces bien.

¡FELICÍTATE POR CADA LOGRO QUE OBTENGAS!

Salta de alegría, contagia a quien tengas a tu lado o a ti misma/o, tampoco necesitas a nadie, y una vez que hayas manifestado esa alegría, continúa.

Las felicitaciones suben la vibración y elevan el estado emocional de las personas, te motivan y te ayudan a seguir arriesgando, a pensar poco y accionar una decisión sin dejar entrar al sufrimiento. También forma parte del entrenamiento diario realizar esta acción.

Si sientes que has obtenido un resultado brillante, **felicítate** por ello sin esperar que nadie lo haga antes que tú. No esperar el reconocimiento de los demás te hace crecer de forma majestuosa y genuina. Si te felicitan agradece siempre de corazón ese gesto de amor y continúa tu travesía.

Vamos a por más descubrimientos brillantes en este impresionante viaje de la vida... verás lo que viene a continuación.

¿Has escuchado hablar de las dimensiones?

¿Te gustaría saber en qué dimensión estamos?

Sigue leyendo, esto te va a gustar.

Capítulo 5

El Poder de Tu Esencia

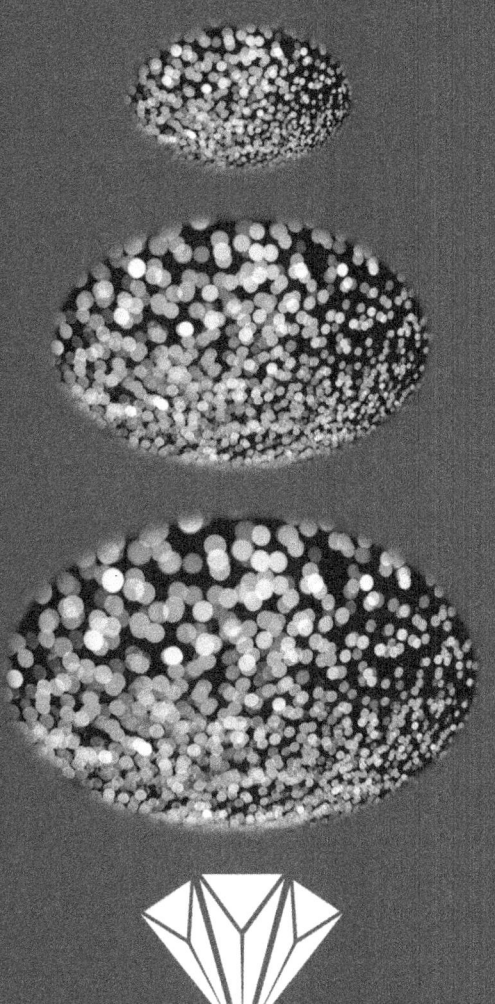

El Poder de Tu Esencia

Jamás sucede nada en nuestras vidas si no decidimos que suceda.

El comienzo de un nuevo amanecer te impulsa a escarbar en el origen de tu nacimiento a través de preguntas y respuestas que tú misma/o te tienes que hacer. Todo son pruebas a realizar que te llevarán con el ensayo error a buscar soluciones cumpliendo lo prometido. Avanzar realizando tu propia introspección hará que día a día progreses en tu ciclo vital. Eres mucho más grande de lo que ves.

Sumérgete en lo desconocido.

Como ya he comentado anteriormente, lo espiritual y el mundo físico caminan de la mano. Sentimos y percibimos sensaciones inexplicables que nacen de nuestro interior.

Nos cuestionamos cosas que dejamos a medias sin explorar la profundidad por temor a enfrentarnos a nuestro propio poder creador.

Déjame decirte algo...

La innovación y creatividad son un flujo de energía que nace de lo más profundo del SER. Te permiten brillar primero a ti misma/o, hacen resplandecer la fortaleza que emana tu grandeza, dejando salir esa gran idea desde el corazón, sin límites, sin creencias, rompen muros de contención sin importar lo que puedan pensar los demás. Esa es tu propia creación, la que debes respetar, alimentar y ayudar a crecer.

Cuando innovas te dejas experimentar ante las adversidades presentes que surgen, y finalmente integras todos estos ingredientes a tu esencia que lo muestra al mundo para iluminar la existencia de otros.

Los líderes son las personas que hacen que las cosas sucedan. Un líder no brilla solo, ayuda con su brillo a iluminar la esencia de los demás, desde la libertad, honestidad y pureza. Da lo mejor de sí mismo, se permite vivir en libertad, sin condiciones, rompiendo paredes sólidas de desesperanza, de egoísmo y de frialdad. Siente su calidez emocional, la instala en su esencia y la muestra con honestidad desde la confianza y seguridad.

> *Un líder lleva a la gente a donde nunca habrían ido solas.*
>
> **Hans Finzel**

Si contemplamos el ciclo de la naturaleza podemos observar lo fácil que resulta el proceso de la vida.

Las estaciones del año (primavera, verano, otoño e invierno) nos acompañan en las etapas de nuestra vida.

En el otoño caen las hojas y ramas viejas, los árboles sueltan lo que ya no necesitan, sueltan el peso que no les deja avanzar. Como seres vivos y sabios que son, dejan que la naturaleza les guíe en el ciclo, sin resistencias ni límites.

Sueltan todo lo viejo dando paso a ramas nuevas que les impulsan a su expansión, ramas que brotarán una vez llegue la primavera. No se resisten a pesar de que saben que llegará el crudo invierno. Dejan que su tronco siga haciéndose fuerte arraigándose a la tierra con sus potentes raíces, cuidan de sus cimientos. No se achican ante las adversidades temporales (lluvia, viento, nieve). Sobrepasan al frío, pues la naturaleza los prepara para ello, siguen con su expansión, preparándose para la nueva estación que les traerá ramas sólidas de las que brotaran hojas nuevas, en cantidad y calidad del proceso que corresponda.

El invierno los prepara para su nueva experiencia con nuevos horizontes para explorar, hacen su propio viaje introspectivo como seres vivos que son.

Cuando llega la primavera reciben con los brazos abiertos y alegría el florecimiento de lo nuevo. Se enriquecen y enriquecen la naturaleza en su conjunto permitiendo brotar brillar e iluminar todo lo nuevo. Experimentan lo que diariamente se acontece, quizás crezcan más hojas que el año anterior o quizás no sea necesaria tanta cantidad, prevalecerá quizás la calidad. Y el ciclo continúa sin límites sin resistencia, dándole paso a la siguiente estación.

Voy a contarte algo muy curioso que puede que ya conozcas.

¿Conoces la sucesión de Fibonacci?

Leonardo de Pisa, también llamado Fibonacci, fue un matemático italiano del siglo XIII, famoso por difundir en Europa el sistema de numeración que actualmente utilizamos. Empleó una sucesión infinita de números naturales. A los elementos de esta sucesión se les llama número de Fibonacci.

La escala empieza con los números 0, 1 y 1 y a partir de ellos cada término se obtiene sumando el anterior, es decir,

0, 1, 1, 2, 3, 5, 8, 13, 21, 55, 89, 144, 233, 377, 610, ...

...así sucesivamente hasta el infinito.

Esta sucesión numérica no tendría nada de particular si no fuera porque aparece repetidamente en la naturaleza y, además, tiene numerosas aplicaciones en ciencias de la computación, matemáticas y teoría de juegos, entre otras.

¿Cómo podemos ver esto representado en la naturaleza?

Las plantas serían un buen ejemplo.

Los números de Fibonacci guardan una sincronización con el crecimiento de las plantas, hojas y flores. Puedes ver el desarrollo se esta sucesión numérica en el crecimiento de una planta desde su semilla. Las hojas y las ramas de las plantas se distribuyen siempre, buscan el mayor número de luz para cada uno de ellas. Las plantas crecen siempre en dirección del sol. Por eso ninguna hoja crece justo en la vertical delante de la anterior. En general las hojas nacen siguiendo una espiral alrededor del tallo de la planta.

Puedes comprobarlo con cualquier planta que tengas en casa, asignándole a la hoja de abajo pegada al tallo el número cero y a continuación vas siguiendo la escala de esta sucesión de números. Verías como al final coincidiría la numeración. Es una numeración sincronizada con la naturaleza.

Observa estas imágenes y verás cómo nace de dentro hacia fuera, en sucesión:

Otro ejemplo de la naturaleza sería la planta del girasol. Tiene 21 espirales que van en una dirección y 34 espirales que van en la otra. Ambos son número consecutivos de la escala de Fibonacci.

El largo de las falanges de nuestros dedos también respeta la sucesión, como también los respetan los brazos espirales de las galaxias.

Una de las cosas más curiosas de esta secuencia es la división entre dos números consecutivos, se acerca al llamado número de oro. Este número descubierto por los renacentistas tiene un valor de 1,618 y se le consideraba el ideal de la belleza.

Los entendidos del arte decían que un objeto que tuviera esta proporción era mucho más agradable que otra que no la tuviera.

Un ejemplo de la proporción ideal de una persona se cumplía si la altura total de una persona dividida hasta la altura de su ombligo era la del número de Oro.

La sucesión también está presente en el arte en la relación entre las partes del Partenón, en los objetos y personas que aparece en las obras de Miguel Ángel y Da Vinci. En la música como la sonata de Mozart y la Quinta sinfonía de Beethoven. La espiral de Durero es una caracola animal que también sigue la secuencia de Fibonacci.

Y sigue presente en muchísimas más cosas, incluida en entre todas ellas el mercado bursátil de las acciones y las finanzas buscando predecir rangos de precios objetivos a los que debiera llegar una acción cuando se encuentra en una determinada tendencia.

En definitiva la secuencia de Fibonacci es una serie de números que están presentes en todo lo que nos rodea.

Todo en la naturaleza es progresivo, es por ello que debemos avanzar y extrapolar a nuestra vida todo lo que nos enseña a través del ciclo natural.

Las decisiones nos construyen o nos destruyen. Existe una parte en la que no tenemos libertad de elegir físicamente un acontecimiento como un cambio climatológico o una acción que realicemos en un momento concreto.

De lo que sí somos libres es de cómo podemos interpretar los eventos y las decisiones que vamos a tomar.

El poder de una decisión conlleva tomar conciencia de cuál es la prioridad del momento.

Las respuestas siempre están en el mismo lugar: dentro de las personas.

La desconfianza en nosotros mismos no nos permite seguir picando nuestra propia cebolla de capas y capas y encontrar para siempre nuestro ORO, el oro que todos llevamos dentro.

*Vamos a realizar un ejercicio sencillo y rápido:

Primero hazte esta pregunta en silencio:

¿Crees que tienes los recursos necesarios para hacer frente a las adversidades que se te presentan?

Si tu contestación ha sido que sí, a continuación, señala con un dedo al cielo, piensa dónde están los recursos que necesitas para superar tus obstáculos y señálate con tu dedo una parte de tu cuerpo.

¿Te has señalado la cabeza o al corazón?

Sigue leyendo verás lo que sucede...

Filósofo Blaise Pascal: *El corazón tiene razones que la razón no entiende.*

Filósofo René Descartes: *Pienso luego existo.*

A través de la filosofía podemos observar con claridad la visión de la nueva era, es decir, podemos mirar de frente a la vida que vivimos en este siglo XXI.

Para una mejor comprensión sobre la práctica que terminas de realizar, contempla las frases de estos dos grandes filósofos.

Por un lado tenemos a un gran filósofo mayor, René Descarte, con un pensamiento racional "Pienso luego existo"; esta frase expresa uno de los principios filosóficos fundamentales de la filosofía moderna. Este señor nunca habló de emociones, probablemente ni se detuvo a observarlas. Antiguamente, en los colegios, Descartes fue muy nombrado por su raciocinio. En aquella época se empleaba el modelo cartesiano, en el cual las emociones no tenían cabida en las aulas, prevalecía lo racional por encima de la lo emocional.

Pero llegó otro gran filósofo, Blaise Pascal, francés, matemático, físico con citas preciosas que nos regaló. Nos hablaba de amor, de corazón, de pasión. Pascal se permitió abrir el alma y expresar sin palabras su sentir por la vida. Es por ello que una de sus citas más famosas es "El corazón tiene razones que la razón ignora", nos revela la susceptibilidad a abrir su corazón, esta es la capacidad la cual él llama "pensamiento".

Hoy por hoy sus legados nos sirven para avanzar. Si analizamos cuál de los dos sobresale nos daremos cuenta enseguida de que ninguno de los dos puede conseguirlo solo.

Los dos son necesarios, corazón y mente. El corazón y la mente están aunados, coordinados, equilibrados, pero somos nosotros los que los alteramos.

Einstein decía que *Existen dos cosas que son infinitas: el universo y la estupidez humana.*

El ser humano puede ser muy inteligente y hacer muchas estupideces a la vez.

La estupidez humana es creer que la cabeza puede funcionar sin el corazón y viceversa.

El corazón a menudo es más fuerte que la razón. Cuando amamos, somos muy poco razonables, no analizamos las cosas de la misma manera.

En cambio cuando utilizamos la razón argumentándola y utilizando el corazón, podemos llegar a crear e innovar proyectos que pueden ayudar a muchas personas a disfrutar de ellos.

Estamos en una era nueva, en la cual no existen ya limitaciones, no sirve de nada la excusa. Es la hora de transformar las limitaciones en infinitas posibilidades.

Las limitaciones te serán útiles para apartar de tu camino a quien te moleste

Cuando nos aferramos a nuestras limitaciones, estamos anclados a la antigua era.

Existen cinco verdades que tienes que saber ya, son muy poderosas y es de vital importancia que las integres y no las olvides jamás. Te serán de mucha ayuda en tu momento presente diario.

Todo lo que percibes se encuentra filtrado en tu sistema de creencias, si logras modificar las creencias podrás modificar la realidad que experimentas. Es por ello que cuando tú cambias, cambia todo.

Si quieres cambiar tus creencias solo necesitas aprender algo nuevo, cuando la mente experimente algo nuevo, nunca puede volver a ser la misma. De la única forma que puedes controlarte es controlando tus creencias. Es por eso que el 90% del control mundial sobre las persona no es físico, sino mental. Tú eres dueña/o de ti misma/o y tú eres el ingeniero de tu propia vida, solo es cuestión de reconocerlo.

Estas son <u>las cinco verdades</u> que debes saber para cambiar tu realidad y encontrar la libertad de tu existencia:

1. **Todo es energía:** No existe la materia, nada de lo que ves en forma de materia es tangible, todo es energía en mayor o menor vibración. La solidez de los objetos provienen del campo electromagnético que rodea su campo de energía.

2. **La atención es realidad:** Todo aquello a lo que le prestas atención aumenta y todo aquello a lo que le quita tu atención disminuye. Donde enfoques tu mente es donde tú te encuentras.

3. **Solo existe el presente:** El pasado solo existe en tu memoria, solo existe el presente como resultado del momento, si quieres cambiar tu futuro o el pasado, tan solo tienes que cambiar tu presente. Solo cambia tu estado mental y emocional del aquí y ahora.

4. **Toda acción tiene una reacción:** Cualquier acción positiva que realices, siempre irá acompañada de una reacción positiva, creará efectos positivos en el universo y en ti, lo mismo aplica a las acciones basadas en pensamientos y emociones negativas.

5. **Si todo lo que has leído aquí lo crees, lo creas**: Cuida con mimo y delicadeza lo que deseas crear. Cuida tus pensamientos dedicándoles tiempo y cariño.

Ha prevalecido durante muchos años la palabra NO en la mente de todos, decir cosas bonitas a uno mismo o a los demás nos ha hecho creer que son bobadas y cursiladas.

¿Y sabes lo mejor de todo esto?

Que todo el mundo quiere el amor en su vida; quieren amar y que les amen. Pero en esta oscura sociedad nos hemos acostumbrado a rechazar el amor por lo que piensa la gente. Contradecimos lo que sentimos por el qué dirán.

¡Estamos volviéndonos locos viviendo la vida de otros, dejándonos llevar por la sociedad!

Pero afortunadamente a todo esto cada vez le queda menos, por la sencilla razón de que todo, absolutamente todo, cambia. Las personas cada día son más conscientes del cambio que está por llegar.

Nada volverá a ser como antes.

Mientras llega ese momento, abre los ojos y mira. No alimentes lo que no quieres, simplemente mira y siente.

Veamos la sociedad desde arriba, conscientemente.

Capítulo 6
Mundo de Locos

Mundo de Locos

Nuestra divina realidad...

Tan sumergidos e hipnotizados caminamos por este sendero terrenal, que vivir atormentados ha pasado a formar parte de nuestra zona de confort incómoda.

Nos hemos acostumbrado a vivir bajo la agresividad, gritos, control externo, pendientes del qué dirán, de mirar al otro para ver qué hace. Nos arropamos a diario en nuestro propio fango, nos imponemos e imponemos a los demás nuestros propios miedos y los propios miedos vuelven a diario. Todo ello lo vemos ya casi normal entre la lucha y sacrificio de nuestro nuevo amanecer.

Sería mucho más sencillo si nos ocupáramos de eliminar todas estas aberraciones que se crean y se creen todos los días en la sociedad.

¡¡Cuánta fuerza y sacrificio diario nos imponemos a nosotros mismos!!

Estamos cambiando el planeta, nos estamos volviendo locos.

Estar mal es el estado normal del ser humano, tener problemas es lo ideal para mantenerse desconectado de sí mismo y por su puesto tener preparado, mentalmente, el plan, para que cuando el otro

ataque, decirle y recordarle que la culpa de todo lo sucedido lo tiene él o ella, por todo lo que realizó en un pasado, que tranquilamente puede haber sido 20 años atrás.

¡Cuánto sufrimiento crea el reproche!

Encadenados al pasado es complicado avanzar, desde este punto es tremendamente difícil llegar a la esencia. Pasan los días, los meses y los años anclados a ese infierno.

Así de absurda, ridícula, aburrida y práctica es la vida del ser humano, que vive totalmente desconectado de su esencia.

Cuando contemplas la actitud y movimientos de las personas, puedes observar que siempre surge un malestar general por la forma en la que se gestionan los problemas. El enfado y la furia salen a relucir de forma natural, en muchas ocasiones sin sentido.

Es mucho más fácil alimentar la basura y porquería que nos inspira el ego del yo soy negativo, a observar la profundidad y belleza que guarda en esencia el YO SOY, nuestro propio poder superior.

Por este motivo no es de extrañar que las personas estén enfermas, llevan años gestando su propia enfermedad por todos los alimentos con los que han alimentado a su alma, a sus células y a sus pensamientos.

¿Estás de acuerdo en que vivimos en un mundo de locos?

¿Conoces a personas con estas características?

Personas que te cuentan siempre lo mal que está todo y lo mal que le va, por haberse dejado llevar por los demás, por la sociedad, por todos los factores externos.

¿Te suena esta expresión?

"La culpa la tiene mi… … hace más de veinte años me obligó a hacer… … Y por eso a mí me pasa todo lo que me pasa… … Por su culpa…"

Son personas que no se dan cuenta de que están viviendo las peticiones de otros, han alimentado su propia vida, desde un estado inconsciente, con el veneno de otras y se lo han creído. Estas personas son los desconectados de primer grado, los que sienten el victimismo en lo más profundo de sus células. Se crean sus propias películas de ciencia ficción y día a día la repiten verbalmente reviviéndola con la misma emoción.

Otras personas en cambio, a pesar de cuestionarse ciertas experiencias, empiezan a razonar con preguntas, pero desde otro grado de entendimiento. Han pasado a la acción pero no les salen bien los planes.

"Durante años se me ha repetido la misma historia en diferentes áreas de mi vida. Me deja mi pareja, mis padres no confían en mí, mis hijos me replican, no me tienen respeto, en mi trabajo nadie tiene en cuenta mi opinión, etc. Siempre me sucede todo lo que pienso… ¿por qué me pasa esto?

En este estado de conciencia la personas se enfadan, les cuesta salir del porqué, es la pescadilla que se muerde la cola, la carrera de la rata, dan muchas vueltas a sus pensamientos porque quieren encontrar una razón por la cual no sentirse culpables de la repetición de sus vivencias.

Cuestionan lo externo sin hacerse responsables.

Las personas no entienden las repeticiones de sus propias acciones, quieren solucionar el problema haciendo siempre lo mismo, pero ese no es el camino, hasta que llega un momento en el que se rinden porque ya no pueden más.

Después de varios procesos, que surgen a lo largo de nuestros años de vida, llega un momento en el que abres tu mente y desde otra perspectiva observas la misma situación que año tras año se te ha repetido. En ese momento llega **la gran pregunta**, llega el grado de comprensión para el que estás preparado a ascender al siguiente escalón del pódium.

Desde la comprensión de tu propio ser, surge la duda, si hay duda, hay sabiduría, - como decía *Descartes*, dejando una pequeña huella de sensatez, a pesar de su raciocinio.

Cuando te comprometes contigo misma/o a buscar el sentido a las cosas, desde tu propio silencio, las contestaciones que llevabas años esperando aparecen delante de ti de forma mágica.

Te dan a entender que a pesar de vivir en un mundo de locos, puedes atender en todo momento tus necesidades.

Poner en práctica la paciencia, la templanza y la confianza en una/o misma/o sería poner al servicio del alma un plan ideal, una estrategia perfecta para el encuentro entre la razón y el corazón.

La bendita pregunta es:

¿Para qué suceden las cosas?

Esta bendita sociedad solo nos muestra las oportunidades que podemos experimentar, las personas con las que podemos caminar y el resultado que podemos obtener.

Todo es una incógnita hasta que te pones a HACER y experimentar con los cinco sentidos, con una mente abierta, preparada para todo lo que pueda surgir, en ese capítulo de ese día concreto. El resultado dependerá de la emoción que te permitas mostrar o sentir.

Cada uno de nosotros tenemos una percepción diferente de las cosas y es por la sencilla razón de que cada uno tiene diferentes lecciones que aprender dentro del mismo capítulo.

Por eso, es interesante escuchar lo que los demás tienen que decir, expresar lo que sientas aportando valor al otro y llegar al consenso que todos juntos podemos mejorar todo cuanto nos propongamos, olvidándonos de los egos, autoridades y dictaduras que nos han acompañado desde la era anterior.

En esta Era no cabe el enfado por resignación, la furia para atacar al otro, el odio mientras vivas, etc., todo esto forma parte de la oscuridad del pasado.

Sí, puedes permitirte sentir que estas emociones salgan, por supuesto que sí, pero tienen que atenderse y restablecerse de forma inmediata, pues esta generación no se anda con rodeos ni espera a nadie que no quiera progresar.

Los jóvenes de esta nueva era traen información valiosa para todos que han vivido la transición del siglo XX. La era industrial quedó atrás, estamos en pleno siglo XXI y es el momento de hacer por nosotros mismos lo que nunca antes habíamos hecho.

Vivir en este mundo de locos trae consecuencias muy serias y rápidas si no te haces responsable ahora, incluso con carácter retroactivo. Atiende y traer a tu presente lo que puedes solventar de un plumazo. Y suelta lo que después de muchos años no se ha podido solucionar de forma esencial, es momento de abandonarlo y no volver al pasado a revolver esa suciedad. Lo pasado, pasado está.

En otras palabras... si tienes una situación añeja en tu vida que siempre aparece en tu presente de forma secuencial, es una clara señal que tienes que atender con los conocimientos y experiencias que actualmente posees.

Es momento de romper esa cadena vieja, soltar esa emoción reprimida y volar.

¿Cómo se hace eso?

Con coraje, valentía, seguridad, confianza y ACCIÓN.

Eso es actuar desde el corazón con un razonamiento que argumente el motivo del para qué decides romper ese molde para siempre.

Desde la comprensión del SER te llega la contestación y cuando actúas físicamente es cuando puedes ver un resultado diferente con la garantía de saber que no volverá a repetirse esa situación agria e incómoda.

¿Cómo sabrás que no se volverá a repetir?

Lo sabrás porque tu propia esencia te lo dirá, es una expansión del alma que no se puede explicar con palabras.

Solo permítete experimentarlo y agradece de corazón la oportunidad de salir a enriquecerte de lo que en realidad has deseado toda tu vida.

Ser feliz es una decisión, es una elección, es un estado mental, es una experiencia que te tienes que permitir.

Ser feliz es la sensación de tenerlo todo sin tener nada, es sentirte plena/o con lo que la vida te ofrece en este momento.

Ser feliz es ser agradecido de que la vida te dé la oportunidad de sentir toda su magnitud.

Ser feliz es permitirte hacer e integrar conceptos nuevos a diario, hace que tu vida cobre un sentido diferente, ayudas a tus propias células a cambiar. Las más viejas se mueren y las células jóvenes se avivan ante el cambio, generando más células nuevas con energía, esto es pura anatomía humana.

¿Tiene sentido esto para ti?

Hemos hablado anteriormente que la secuencia de Fibonacci influía mucho en nuestras vidas en todas las áreas vitales.

Esos números son una secuencia de progreso de aumento que cíclicamente se reproduce en diferentes aspectos de la vida cotidiana.

Los números son nuestro marcador de vida, a través de ellos podemos resolver, identificar, poner vencimientos, recordar acontecimientos, marcarnos objetivos, y un sinfín de utilidades más.

- *¿Pero sabemos lo poderosos que son en nuestras vidas?*
- *¿Nos hemos parado alguna vez a contemplar esta visión sobre la numerología?*

Desde hace décadas de años a la numerología se le ha designado la ciencia de los números, es una ciencia sagrada.

Una observación muy puntual es contemplar que la vida es una venta y como venta que es tiene un precio a pagar, bien en dinero o acciones a realizar.

Pero centrándome en la numerología, los números nos dan mucha información de nuestro día a día. Siempre los tenemos presentes, durante toda la vida.

A todo le ponemos un precio o un límite de tiempo, ¿te habías dado cuenta de esto?

Existen estudios científicos que nos hablan de datos realmente estremecedores sobre los números y los objetos.

Centrándonos en el presente, sin necesidad de acudir al pasado para entender la potencia de los números, observamos cómo este año actual 2018 es un año maestro.

En numerología todo se reduce a un solo número a excepción de los números 11, 22 y 33 que son números maestros

2+0+1+8= 11 NÚMERO MAESTRO

¿Qué significa esto?

Que el año 2018 ha sido, es y será un año de reto para toda la humanidad.

Es un año de exámenes a un nivel superior. No te permite equivocarte, te obliga a hacer las cosas bien, te empuja sin cesar, sin reparo, en todas las áreas de tu vida.

No es un año común, en este año se prepara a las personas para que de una vez por todas sean humildes con ellas mismas y empiecen a gozar haciendo lo que realmente tienen que hacer en sus vidas.

Un año en el que todo es puro aprendizaje, es un año que te prepara para recibir al siguiente con otra mentalidad, con otra fuerza, con tu esencia y excelencia desde el grado más humano.

Son muchos los desafíos que este año maestro ha impuesto a todos para la superación de nuestra propia alma y lo hace de forma individual, para que cada uno integre lo que en realidad necesita.

Agradece todas las pruebas que este año maestro te ha puesto y felicítate por todas y cada una de ellas que has superado.

Sé humilde ante las adversidades, pues forma parte de tu expansión. Estás bien y eso es lo más importante.

AGRADECE TODO SIEMPRE

Puedes hacer balance de tu año y ver la comparativa con el año anterior, el año 2017, un año también muy potente al ser un año 1.

Como todo es cíclico hasta dentro de 9 años no se podrá volver a disfrutar de un año maestro, es decir, hasta 2027.

El ciclo siguiente al actual, es el 2019 que si realizas la suma entre los números sería:

$$2+0+1+9= 12=1+2=3$$

El numero 3 será el número que regirá el 2019. Es el año de las relaciones públicas, para gozar, para viajar en familia, con amigos, te vas a sentir muy dichoso. En definitiva es un año para OCUPARTE.

Quizás no te has dado cuenta todavía, pero el año anterior te dedicaste mucho a resolver y atender los problemas de los demás, desatendiéndote a ti misma/o. Es el momento te atenderte disfrutar y ser coherente en todas las áreas de tu vida. Disfrutar no es derrochar, es permitirte; SIENTE, PIENSA Y HABLA en la misma DIRECCIÓN: vive en COHERENCIA.

Quizás te preguntarás qué tiene que ver todo esto con la esencia del Ser y amarte a ti misma/o. Todo está sincronizado entre sí, todo nos lo han dado para utilizarlo y mejorar. Todo son herramientas con las que podemos descubrir y obtener información de nuestro paseo por este plano físico.

Estamos en una tercera dimensión en la cual nos movemos físicamente a lo largo, a lo ancho y a lo alto. En esa inmensidad de espacio-tiempo hay mucho por descubrir, a través de la información y sincronización de todo, obtendremos mayor evolución ocupándonos de nosotros.

Si curioseamos en la historia, los números nos siguen dando información muy potente.

¿Sabías que todo se transforma en números incluidas las letras?

La numeración romana es un ejemplo de ello:

Los romanos mejoraron el sistema numérico introduciendo nuevos números, como por ejemplo el 5, el 50 y el 500: que corresponden a las letras V, L y D respectivamente.

La numeración maya tomó como base el número 20: contar los dedos de las manos y los pies. Fueron los primeros en operar con el número 0. Leían de abajo arriba, se escribían en columnas y utilizaron la base 20.

Pero ¿cuál es el origen de la numeración actual?

El sistema numérico que empleamos en la actualidad se llama **numeración arábiga.** Nace en la India en el siglo V a.C., donde se inventó hacia el siglo V la aritmética de posición decimal y el uso del 0. El primer ejemplo del uso de la numeración decimal data del 595, en que se incluye el uso funcional del 0: un punto. Fue allí donde se comenzó a contar del 1 al 10, como hacemos hoy.

Comúnmente se le llama Sistema de numeración decimal o sistema decimal. Se les llama "arábigos" porque los hispano-árabes de al-Ándalus los introdujeron en Europa a través de su acción cultural, aunque, en realidad, su invención surgió en la India.

Todo, absolutamente todo, es información necesaria para crecer. Permítete atraer todo cuanto necesites para tu expansión. Vamos a darle la vuelta al mundo y a caer de pie, la nueva era nos ha preparado a la perfección regalándonos el conocimiento, ahora es el momento de practicarlo con nosotros mismos los primeros.

Dejemos de avergonzarnos de cuántas habilidades y destrezas prevalezcan dentro de nosotros.

Ponerlas al servicio de la humanidad es el mejor trato de cariño y amor que puedes darte a ti misma/o.

Si esperas a hacerlo perfecto, jamás lo harás. Deja de creer que no puedes y ponte hacer lo que sabes que te hace resurgir como si del ave fénix se tratara.

Hay tantas herramientas y recursos que podemos adaptar según nuestras necesidades que tenernos que realizar la investigación necesaria para nuestra propia realización.

Las enseñanzas enriquecen tu vida, aunque sean cosas que nunca vayas a utilizar físicamente, crean un impacto en ti ayudándote a prosperar. Nunca cierres la puerta a tu aprendizaje, contradice a tu mente, seguro que detrás de lo que no te gusta, descubres algo que era necesario saber y por ello estabas ahí.

No estamos aquí para sufrir ni hacernos daño los unos a los otros, eso es una creencia humana con la que entre todos podemos eliminar.

Vas a tener la opción de crear tu propio PROGRAMA DE VIDA.

Igual te estás preguntando: *¿Cómo se hace eso?*

Simplemente permitiéndote SER, haciendo y decidiendo.

Quizás hayas realizado algo parecido alguna vez, pasa la página, disfrútalo y quédate con lo que verdaderamente te interese.

Te contaré cómo lo creé yo para que pueda servirte de guía.

Continuamos *creciendo, viviendo y aprendiendo.* 😊

Capítulo 7

Protagoniza Tu Vida

Protagoniza Tu Vida

Adquirir conocimientos nuevos no se consigue de la noche a la mañana, tu programación actual, mental y emocional, tampoco la has creado en un día.

Lo importante de esto es que puedes modificarla y reprogramar lo que no te beneficie, desprogramando lo que se ha quedado obsoleto.

En el libro Ser Feliz con tu bien más preciado "El Tiempo", ya te compartí cómo puedes crear hábitos nuevos e integrarlos para siempre en tu día a día.

En este caso, para poder ponerle orden a la programación de tu vida, siendo tú el protagonista, te lo voy a explicar en forma de historia en 11 pasos, coincidiendo con un año 11 tal cual vimos en el capítulo anterior.

*Esta historia empieza así:

El programa que te quiero mostrar abarca los pilares fundamentales de tu vida, tus áreas principales: personal y salud, familiar, laboral o profesional y emocional.

Quiero contarte algo, antes de mostrarte cómo me creé este programa.

Para empezar a realizar algo nuevo, bien sea un trabajo, un proyecto familiar, personal o simplemente hayas tomado la decisión de empezar de cero, lo primero y esencial que se debe realizar es eliminar todo lo viejo.

¿Qué es todo lo viejo?

Físicamente es todo aquello que no hayamos utilizado los últimos 5 años de nuestra vida (ropa, zapatos, papeles, etc.), cosas que tengamos en un rincón cogiendo polvo, impidiendo que la energía fluya en el lugar donde se encuentre. Hay que renovar la energía creando espacios nuevos.

Emocionalmente, lo viejo son todas esas emociones que siempre te han estancado y paralizado a la hora de emprender un nuevo proyecto de vida, del calibre que sea, y las excusas que te has inventado para dejarlo para el día siguiente. Es el momento de hacer lo nuevo. NO hacerlo pertenece al pasado, pertenece a lo viejo.

Por último, **mentalmente** lo viejo son las resistencias de seguir queriendo tener razón ante las nuevas posibilidades, sin querer conocer todo lo interesante que te depara tu presente. Hay que dejar de juzgar y empezar a observar. Cambiando la percepción damos paso a la libertad.

Ante lo nuevo siempre es necesario adoptar una actitud de felicidad, alegría y expansión, motivándote a ti misma/o, aunque no sepas qué te vas a encontrar en el camino.

Permítete conocerte conforme lo vas transitando, todo cambia constantemente y es maravilloso tener la oportunidad de reestructurar algo antes de finalizarlo.

Hoy piensas una cosa, la sientes y mañana puedes cambiarla, argumentando que no es lo que esperabas. No pasa nada si esto sucede.

No hay que entrar en las excusas del qué va a pasar si no lo consigo ni nada por el estilo, pues lo que se crea a diario va en consonancia con la energía que cada uno invierte en su nuevo programa de vida.

Puede parecerte interesante o puede que no te lo parezca. Cuando llegues al final, decides si esto puede ayudarte a ti a conseguir tu propósito, meta u objetivo que quieres alcanzar.

Ser un solucionador de problemas, solucionar tus circunstancias diariamente y ayudar a los demás a resolver sus dudas, forma parte de la programación que hoy aquí te voy a compartir.

Da a los demás lo mejor de ti y por justicia divina, recibirás lo mismo. No tiene que ser por la misma vía, el universo te sorprenderá dándotelo por el lugar que menos te lo esperes y cuando no lo necesites.

Hacer es soltar lo que ya está hecho.

Aprende a valorar lo que inicies, sin aferrarte a donde te vaya a llevar el resultado. La creatividad te llevará a disfrutar todo aquello que emprendas. Surgirán ideas nuevas que te ayudarán a avanzar.

Si en algún momento necesitas información o nuevos conocimientos, préstale atención a tu petición, puede que al desviarte a aprender otra cosas, enriquezca algo que tenías olvidado.

Cuando la curiosidad del alma se despierta, la mente la sigue sin excusas, es por ello que hay que atenderla. Todo es una formación continua en tu vida, que puede favorecer a cualquiera de tus áreas.

*Tienes dos opciones para la creación de tu programa:

*La primera, sería que si deseas obtener un conocimiento concreto, es importante que vayas acompañada/o de una persona que haya obtenido ya los nuevos cambios que tú deseas. Esto acelerará tu proceso y atraerá antes tus resultados. Por lo tanto, puedes contratar a alguien para que te ayude a obtener los resultados que te has propuesto.

*Y la segunda, sería crearte tú misma/o tu propio programa y avanzar investigando sobre esos resultados que deseas. Te surgirán dudas que deberás resolver sola/o y el proceso será más largo.

Es tu decisión.

Abre tu mente y prepárala para organizarla como tu biblioteca personal. Será como organizar las carpetas del escritorio de tu ordenador en archivos y documentos.

Es recomendable escribirlo todo a mano, pues la energía que fluye es mucho más potente, ya que impregnas una emoción diferente a la hora de proyectar el bolígrafo sobre el papel.

Una vez realizado todo el trabajo a mano, podrás pasarlo al ordenador, sin desestimar tu trabajo de tu puño y letra. Ambos van unidos.

Quiero compartir contigo este entrenamiento diario que yo misma me creé, después de leer muchos libros, seguir a varios mentores y practicar las enseñanzas que todos me aportaron.

Prepárate para crear tu programa de vida por áreas, por meses y por años.

Si realizas este trabajo de vida, obtendrás grandes beneficios. No podrás realizarlo en un solo día, por lo tanto planifícate tus horas para poder crearlo.

Te recomiendo que lo hagas a principio de año o mejor aún, antes de acabar el mismo, para empezar a visualizar haciendo todo lo que escribas.

Haz caso a todas las ideas que te lleguen, anotándolas en tu libreta de IDEAS BRILLANTES (enseguida sabrás que es).

Conforme avances en tu proceso le irás dando forma a todo, será más sencillo. Enfócate en tu objetivo y disfruta.

*Aquí termina la historia, dando paso a la creación de tu programa de vida.

Antes de nada, consigue dos libretas. Una para tu *PROGRAMA DE VIDA* y otra para tus IDEAS BRILLANTES.

Aquí te muestro las mías...

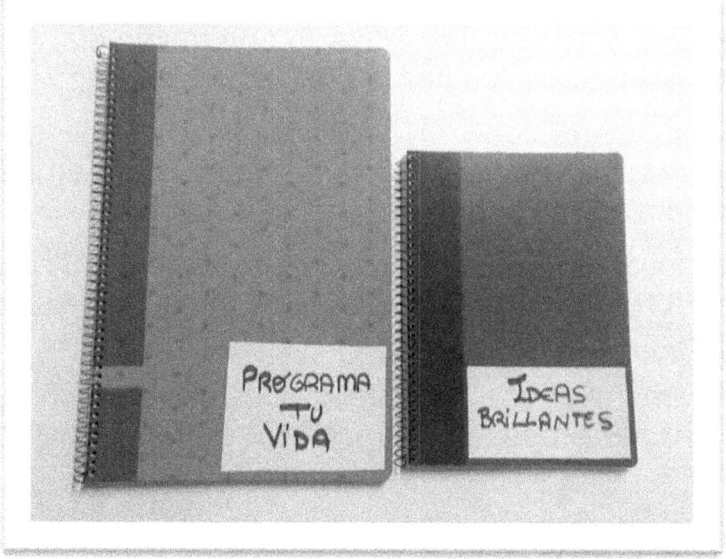

Anota la fecha en cada una de las libretas del día en el que empiezas. *(Día/mes/año)*

EMPIEZA HOY a crear tu PROGRAMA TU VIDA

...Y tus **IDEAS BRILLANTES**.

Empieza a lo grande, permítete SER con toda tu esencia, lo que vas a crear a continuación, marcará un antes y un después en tu vida.

NOTA IMPORTANTE: Léelo todo hasta el final y empieza a crearlo. Sigue con la lectura del libro, pues como ya te he dicho antes, todo necesita tiempo. Irás descubriendo estrategias y conceptos nuevos que te ayudarán a avanzar a lo largo de la lectura de este libro.

MEDITA, PIENSA Y REFLEXIONA CADA PASO QUE DES

Haz fácil lo difícil y no te disperses queriendo hacerlo perfecto, simplemente hazlo, ya aprenderás a mejorar por el camino. Céntrate en lo importante y...

... Disfruta con toda tu plenitud, te regalo mi creación para que tú también puedas progresar en tu propia esencia. Con todo mi cariño, esto es para ti.

AHORA SÍ...

¡¡¡EMPEZAMOS!!!

1º Clarifica tus áreas de vida principales:

Personal, familiar, profesional y emocional.

Anota en cada área todo lo que quieres conseguir, con todo lujo de detalles, en un plazo máximo de **5 años.** Sueña despierta/o en grande. Tómate tu tiempo, utiliza las páginas que quieras, deja espacio en tu libreta entre área y área, por si te inspiras en algún momento de la lectura y deseas añadir algo más.

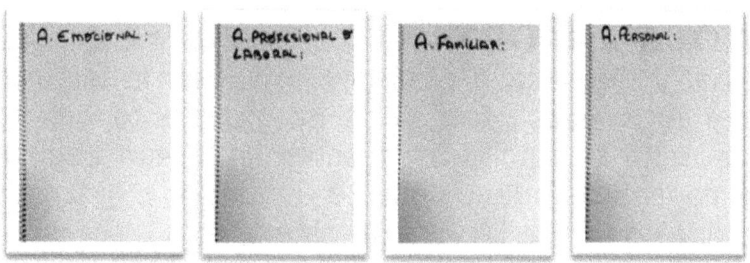

2º Subdivide tus áreas:

Este punto es opcional, puedes subdividir las áreas que quieras, por ejemplo: el área emocional en pareja, amigos, eventos sociales, relación contigo misma/o, relación con tu familia, etc. La claridad te lleva al poder. La imaginación y creatividad la pones tú.

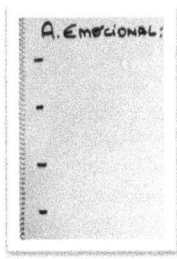

(Una vez hayas plasmado en papel tus objetivos, tu sueño, tu creación, tu nueva programación de vida general, vamos a ramificar el contenido...).

¿RECUERDAS el proceso de los árboles del capítulo 5?

Vas a aplicarlo a tu programa de vida.

ERES como un árbol, con tus raíces, tu tronco, tus ramas y tus hojas.

<u>Las raíces</u> representan tu esencia, tu origen, de dónde vienes, dónde has nacido, tu nacimiento y todas tus creencias.

<u>El tronco</u> es tu cuerpo, tu físico y tu sexo.

<u>Las ramas</u> son tu expansión, tus pensamientos y tus limitaciones en cada una de tus áreas

<u>Y las hojas</u> son el fruto tus objetivos, metas y sueños alcanzados hasta el día de hoy.

Aquí te muestro dos árboles:

Uno con raíces y frutos, frondoso y otro con ramas secas sin arraigarse a la tierra y sin raíces.

Elige qué árbol quieres **SER**

(Puedes crearte tu propio árbol y enfocarte en él).

3º <u>Anota tus objetivos</u> para todas las áreas de lo que deseas conseguir <u>en un año</u>:

Ramifica tu programa, especificando lo que quieres conseguir en un año. Escríbelo en primera persona del presente.

(Recuerda que la palabra es nuestra varita mágica, sé honesta/o, sé humilde en tu petición y muestra tu gratitud).

Ejemplo:

- Deseo ganar 30.000 € en el año 2019. Gracias.
- Deseo eliminar de mi cuerpo 10 kilos en el año 2019. Gracias.
- Deseo conocer a personas que me inspiren nuevos conocimientos en el año 2019. Gracias.
- Deseo facturar 100.000€ en el año 2019. Gracias.

(Sé realista y escribe con coherencia -sentir, pensar y hablar en la misma dirección- pues la claridad te lleva

al poder, todo lo que pidas se te dará, pero no todo al mismo tiempo. Expande tu energía y equilibra tus emociones. No te disperses, <u>enfócate</u> en tu petición).

Una vez realizado este paso, en todas tus áreas, viene lo más divertido... 😊

Para conseguir cosas hay que hacer cosas, por lo tanto, ha llegado el momento de crear la <u>estrategia</u> que te llevará a cumplir tus objetivos.

4º <u>Estrategia</u> para conseguir tus <u>objetivos en un año</u>:

Anota:

- Lo que vas a hacer.
- Las horas que le vas a dedicar.
- Lo que vas a aportar.
- Y todos los detalles que se te ocurran.

Has de tener en cuenta la disciplina, el orden, la perseverancia y la energía que vas a invertir en tu nueva creación. Pon en marcha tu creatividad, imaginación, innovación y acción.

(Visualízate en tu proceso, enfocada/o, en lo que vas a realizar para conseguir tus objetivos y escríbelo. No te ocupes del cómo, el universo se encargará de hacértelo llegar. Tú ocúpate de hacer lo que has dicho que vas a hacer).

¿Has creado ya tu estrategia?

😊 ¡¡¡FELICIDADES!!! 😊

¿No sabes cómo crearla?

Ahora es el momento en el que puedes consultar a un profesional o mentor para que te acompañe en tu camino y acelere tu proceso. Puedes optar por buscar la información tú sola/o o pedir ayuda.

Yo puedo ayudarte a conseguirlo, he creado un programa completo de todo este proceso. Al final del libro tienes la información para contactar conmigo.

Continuamos...

5º Anota en tu agenda tus <u>objetivos del mes</u> por áreas: *(Si no tienes agenda, consigue otra libreta).*

Nuevamente, anota todo lujo de detalles, <u>tus objetivos del mes</u>, para todas tus áreas:

- Área personal.
- Área familiar.
- Área profesional o laboral.
- Área emocional.

Anota todo que desees obtener este mes.

Ejemplo:

- Deseo ganar 3.000 € en enero del año 2019. Gracias.
- Deseo eliminar de mi cuerpo 2,5 kilos en enero del año 2019. Gracias.
- Deseo conocer a personas que me inspiren nuevos conocimientos en enero del año 2019. Gracias.
- Deseo facturar 8.000€ en enero del año 2019. Gracias.

6º **Estrategia** para conseguir mi **objetivo mensual** en todas las áreas:

Ahora la nueva estrategia que vas a realizar para conseguir tu objetivo mensual:

- Lo que vas a hacer.
- Las horas que le vas a dedicar.
- Lo que vas a aportar.
- Y todos los detalles que se te ocurran.

¿La has creado ya?

☺ ¡¡¡FELICIDADES!!! ☺

7º **Programa tus horas** de desarrollo **diarias** en tu agenda:

Anota lo que vas a realizar cada hora y su tiempo de duración. *Es importante* estar concentrado y no estar pensando en los infinitos pensamientos que vayan llegando.

Te recomiendo que empieces a primera hora del día con lo que más se te resista, esa roca que vas dejando de lado conforme va pasando el día.

Ejemplo:

De 6:00h a 7:00 h...
De 7:00 a 8:00 h..
De 8:00 a 10:00 h..
De 10:15 a 12:00 h..
De 12:15 a 13:30 h..

(Si tienes el libro de Ser Feliz con tu bien más preciado "El Tiempo", revisa el capítulo de los hábitos y observa las horas que marca. Si todavía no lo tienes, al final del libro te indico cómo puedes conseguirlo hoy mismo. No te detengas y acelera tu formación).

Continuamos...

Antes de terminar tu jornada del día...

8º Anota en tu agenda tus tareas a realizar al día siguiente:

Vuelve a anotar tus tareas diarias en el horario que corresponda, aunque sean las mismas del día anterior. Repítelo todos los días por escrito hasta grabarlo en tu inconsciente.

Sé perseverante, disciplinada/o y cumple tu compromiso contigo. Aprendemos a base de repeticiones.

Empieza a sentir desde ya que ya has conseguido tu sueño. Vive como si ya lo tuvieras todo. Y continúa.

Visualizarte en tu sueño desde la asunción de la

emoción de que ya lo has conseguido, eso te ayudará a motivarte.

A lo largo de la lectura de este libro te mostraré herramientas muy poderosas que te ayudarán en este paso, continúa leyendo con atención. Puede que hasta se acelere el objetivo, todo dependerá de la energía que tú inviertas y expandas en tus objetivos.

9º Diversifica tu energía en tus tareas:

Juega mientras realizas el proceso y ve moviendo las tareas de hora, hasta adaptarlas con disciplina y perseverancia a tu día a día.

Esto es a lo que me refería cuando te nombré anteriormente que tu proceso podría cambiar, modificar o alterarse durante su creación. Ten paciencia, es incómodo pero es efectivo, confía. Las adversidades pueden suceder en cualquier momento. Atiéndelas y luego continúa, retoma tu disciplina y cumple lo que has prometido en tu agenda para el día de hoy.

Si hay alguna tarea que te motiva mucho, utilízala cuando te sientas desmotivada/o para retomar tu enfoque.

10º Lee:

Durante todo el proceso, lee libros, artículos e información por la vía que decidas, sobre eso que forma parte de tu objetivo. Empápate de buena información, enriquécete con conocimientos nuevos, conoce gente nueva con la que puedas crecer y enriquecerte, aportándoles valor y recibiendo sus enseñanzas.

(Aquí te voy a compartir títulos de libros que te pueden ayudar).

11º NO TE RINDAS NUNCA:

A pesar de las mil y una adversidades que te encuentres por el camino, ¡no te rindas nunca!

No es fácil, pero sí es sencillo si haces lo que te has prometido que vas a hacer. Conforme adquieras el hábito y te enfoques en tu objetivo, todo fluirá mucho más rápido.

Rendirse y abandonar pertenece a la vieja era, no puedes abandonar una vez hayas empezado el proceso. Si en algún momento lo haces, entenderás para qué te digo esto.

Ya te lo he mencionado a través de los capítulos de este libro, que la práctica es donde realmente entendemos la teoría, por lo tanto, una vez que inicies este proceso, no habrá marcha atrás.

Tu obligación será terminarlo y tu derecho recibir tu objetivo alcanzado.

Dar para recibir es un flujo continuo, siguiendo el orden.

Esto no termina aquí...

Aún queda mucho más... la programación de tu vida tiene que ser brillante, por lo tanto, para que brille un poquito más, vamos a escalar otra parte de tu esencia que te sorprenderá.

Antes de continuar me gustaría que te preguntara esto:

- **¿Qué vas a hacer cuando consigas tus objetivos?**

- **¿Recuerdas cuando en el colegio te pedían que hicieras una redacción?**

    Pues trae esa emoción al presente y…

Redacta todo lo que vas a realizar, **con todo lujo de detalles**, todo lo que vas a hacer con tus objetivos y metas alcanzadas.

Es el momento de clarificar lo que harás con todo eso que vas a conseguir.

*En el último capítulo del libro te voy a <u>revelar una</u> <u>**IDEA BRILLANTE**</u> para que la hagas tuya y puedas utilizarla siempre que quieras.

Recuerda: Cuando sabes hacia dónde vas, puedes conseguir lo que quieres; clarificando para qué quieres el objetivo alcanzado, podrás crear **tu sueño en grande.**

Capítulo 8

Cuida Tus Semillas de Grandeza

Cuida Tus Semillas de Grandeza

Diariamente podemos equilibrar nuestro estado físico y emocional, haciendo cosas saludables, alimentándonos bien y creando buenos pensamientos para lograr nuestra estabilidad. Esto sería lo ideal para todos. Consiguiendo este equilibrio, ambos estados nos pueden ayudar a recordar quiénes somos y de dónde venimos. Es por ello que no podemos olvidar que nuestra grandeza siempre nos acompaña.

A lo largo de la historia grandes pensadores nos han dejado un gran legado transmitiendo su sentir sobre la grandeza del ser humano. Lo expresan en diferentes palabras, emociones y grandes reflexiones que nos ayudan a observar esta situación del presente con la gran magnitud de todo aquello que no se puede contemplar con la mirada.

Lee estas frases de grandeza de todos los que comprenden su poder y lo comparten con nosotros. Siente tu grandeza a través de sus palabras:

"La grandeza existe en cada uno de nosotros".
Will Smith

"El hombre que se levanta es aún mas grande que el que no ha caído".
Concepción Arenal

"Procura ser tan gran que todos quieran alcanzarte y tan humilde que todos quieran estar contigo".
Gandhi

"Dar ejemplo no es la principal forma de influir en los demás; es la única".
Albert Einstein

"Haz una cosa al día que te de miedo".
Eleanor Roosevelt

"Si deseas ver las grandeza real de un hombre, observa la forma en que trata a sus inferiores, no a sus iguales".
Joanne Kathleen Rowling

"Si obededes todas las reglas, te perderás toda la diversión".
Katharine Hepburn

"No hay barrera, cerradura, ni cerrojo que puedas imponer a la libertad de tu mente".
Virginia Woolf

"Hay grandes hombres que hacen a todos los demás sentirse pequeños. Pero la verdadera grandeza consiste en hacer que todos se sientan grandes".
Charles Dickens

"La grandeza de un hombre está en saber reconocer su propia pequeñez".
Blaise Pascal

"La grandeza de una persona se puede manifestar en los grandes momentos, pero se forma en los instantes cotidianos".
Phillips Brooks

"Para ser realmente grande, hay que estar con la gente, no por encima de ella".
Montesquieu

"No se llega a gran hombre si no se tiene el coraje de ignorar una infinidad de cosas inútiles".
Carlo Dossi

"Un gran hombre demuestra su grandeza por el modo en que trata a los que son o tienen menos que él".
Thomas Carlyle

"Hay una palabra que expresa el camino hacia la grandeza: Voz. Quienes siguen este camino hallan su voz e inspiran a los demás para que hallen la suya".
Stephen Covey

"Mi grandeza no reside en no haber caído nunca, sino en haberme levantado siempre".
Napoleón Bonaparte

"La grandeza de las personas no se mide por: dinero, estudios, ni belleza... sino por la lealtad de su corazón y la humildad de su alma...".
Anónimo

Tu grandeza nació contigo el mismo día en que llegaste a esta vida, voluntariamente, a cumplir con una misión. Viniste a vivir con una finalidad: vivir experiencias sembrando tu camino.

Sabías, pero no lo recuerdas, que no sería fácil, que sería muy duro, aun así corriste el riesgo de llegar a este mundo.

¿Sabes realmente cuál fue tu compromiso esencial?

Te comprometiste a venir para darte amor y dar amor a los demás.

En muchas ocasiones, lamentas haber tomado esa decisión, por la sencilla razón de que olvidas tu fuerza y tu divinidad.

Son los momentos de tristeza, desafíos y oscuridad que formaban parte de este proceso. Son los momentos en los que te invade el miedo y no te deja ver.

¡Pero tengo una gran noticia para ti!

Puedes recuperar tu poder cuando dejes de tenerle miedo al miedo y dejes de creer que te están manipulando.

Tú eres tremendamente grande y esa grandeza tiene que salir a la luz.

Durante muchos años has estado experimentado situaciones proyectándolas fuera de tu realidad.

Cada uno tiene su propia misión en la vida y tú tienes la tuya, en la que te acompañarán todas las personas que tú elijas experimentar con ellas tu tránsito por tu senda.

Hasta el día de hoy han aparecido y seguirán apareciendo momentos muy duros; igual pierdes algo importante para ti o a personas muy significativas en tu vida, bien porque desaparezcan o simplemente porque la muerte les llama.

Esos obstáculos son inevitables en este proceso terrenal.

Igual tienes que acompañar a alguien en un proceso de enfermedad o pasas tú por tú propio proceso para evolucionar.

Tal vez el golpe haya sido tan duro que llevas años pasando esa inmensa oscuridad y pienses que jamás verás la luz de nuevo.

Sea cual sea tu experiencia en este momento, puedes sentirte orgulloso de que ya estás realizando tu trabajo de vida.

El secreto de una buena experiencia está en el "cómo te lo tomas tú", en "cómo lo vives".

Recuerda que ERES el AMOR DE TU VIDA, por muy buenos compañeros que conozcas, nadie te podrá amar tanto como tú te amas.

Vivir tu vida es tu obligación y tu derecho al mismo tiempo, es tiempo de ser conscientes de todas las semillas que has sembrado, de todas las personas que has ayudado y seguirás ayudando mientras sigas aquí, hasta el final de tu misión.

Tienes que sentirte orgullosa/o de SER quien ERES.

Continúa preguntándotelo si todavía no lo has averiguado.

Siéntete afortunada/o de estar aquí y ahora pues tus experiencias vividas son tremendamente importantes para ti.

De estas experiencias se beneficiarán muchas generaciones que irán llegando. Hay algo en lo invisible, quizás sean seres de otros planetas que te están observando y admiran tu grandeza, te impulsan a diario desde su silencio y magnificencia para que muestres la tuya.

Cree en ti, fuiste creada/o con la intención de hacer algo grande y si no lo haces volverás a repetir experiencia.

Has logrado muchas victorias hasta el día de hoy, has realizado cosas muy grandes y hermosas para todos, incluido para ti.

Esto hay que celebrarlo compartiendo esta fiesta del alma con la humanidad. Toma conciencia de ello pues tu siembra ha sido, es y será siempre muy poderosa.

¡FELICÍTATE POR ELLO, SABES Y SIENTES EN LO MÁS PROFUNDO DE TU ALMA, CUÁL ES TU VERDAD, HAS

HECHO MUCHO BIEN A MUCHA GENTE!

¡GRACIAS por todo lo que aportas desde tu esencia a todas las personas!

Pero también sabes que queda mucho por vivir y mucho por hacer. A partir de ahora debes vivirlo desde el amor y no desde el miedo, ámandote a ti misma/o, con la misma con la misma intensidad que amas a los demás.

Jesús decía: "Ama al prójimo como a ti mismo, pero no más".

Todo lo que has vivido hasta el momento servirá para cambiar el curso del universo, tomarás tu plena responsabilidad a partir del día de hoy con el conocimiento que posees aumentando tu sabiduría.

Recuerda: Conciencia es, con conocimiento y sabiduría, el conjunto de conocimientos que se adquieren a través de la experiencia.

Conscientemente, ama a todas las personas que te rodean, compárteles experiencias desde el amor, ensanchando tu alma.

ERES un ser especial y único, quererte a ti misma/o, forma parte de tu plan y tu misión.

Permítete regresar a tu interior y reflexionar sobre tu propio YO, relajándote y viviendo tu vida a tu manera.

Desde dentro de ti observarás que tienes todo cuanto necesitas.

El alimento diario que necesita el ser humano es alimentar el cuerpo a través de alimentos físicos y el alma, con pensamientos de amor y grandeza. Si se decanta la balanza sobre un solo extremo estamos desequilibrando nuestro propio SER.

A pesar de saber que toda la vida has vivido de una manera concreta actuando en contra de tu propia voluntad, tienes que empezar a realizar todo al contrario para sentirte bien, aprendiendo a jugar con la vida.

¿Quieres jugar con tu vida?

Voy a enseñarte algo que te va gustar mucho. Pero antes déjame que te cuente...

Existen en nuestra realidad asuntos que despiertan mucho temor en la personas, como pueden ser los conflictos, denuncias, contratos, hipotecas, testamentos, herencias, juzgados y muchas otras cosas más. Son palabras poco agradables para las personas.

Esto sucede por el desconocimiento e ignorancia que duermen dentro de nosotros.

Por supuesto que sí que tienen que existir normas que marquen un sistema y amparen al más vulnerable. El sistema beneficia en muchas ocasiones a estas personas, aunque en otras muchas los incomodan asustándolos de forma exagerada.

Al sistema le gusta tenernos controlados y asustados ante situaciones concretas. No saben hacerlo de otra manera.

Imponer límites a las personas a través de las leyes que rigen un sistema es algo que todos conocemos de forma muy superficial. Nos hacen digerir información poco valiosa atravesando adversidades muy incómodas. Este es un tema que alarma mucho a las personas.

Quizás te estés preguntando a dónde quiero llegar con esto. Es bien sencillo, todo el desconocimiento que muchas personas tienen sobre ciertos temas como el dinero, temas bancarios, testamentos, hipotecas y otros muchos más, crean una inestabilidad social que estalla la energía de las personas con mucha desconfianza. No lo hacen fácil por el simple miedo que lleguemos a comprenderlo y aquellos que rigen el sistema pierdan el control. A través de engaños y no hablar con claridad, confunden a las personas generando un miedo colectivo. Es agotador vivir así con tantas cargas oscuras.

¿Te has parado alguna vez a pensar en esto?

¿Por qué unas personas recibes notificaciones del juzgado, hacienda o cualquier otro organismo y se asustan muchísimo y otras, en cambio, ni sienten ni padecen?

Si todos somos iguales, algún motivo tiene que haber para este desequilibrio emocional y psicológico que produce una acción de este tipo.

Son las experiencias de la vida las que te hacen fuerte ante cualquier adversidad.

Cuando tú crees en ti y te sientes fuerte, brillando desde tu propia esencia, independientemente de ser culpable o inocente, tu actitud y fortaleza harán que esa situación la consideres normal, sin alimentarla más que cualquier otra.

Si tus pensamientos son espaciales de los que no se cansan de crear películas de pánico en tu mente, al final crearás ese terror y lo materializarás.

Lo peor de todo es que si no eres consciente de parar eso a tiempo, puede crearte una enfermedad.

¿Te suena de algo esto?

No estamos aquí, ni hemos llegado hasta este momento del tiempo para sentirnos limitados por nada.

- *¿Has hecho algo mal que te ocasiona pagar dinero?*
- *¿Has hecho cosas que ocasionan acciones más graves?*

Entrar *en modo pánico* no arreglará la situación.

En primer lugar, <u>si sabes que lo has hecho</u>, no tienes nada que temer. Pagar el precio sería lo justo, entender la situación sería lo ideal y si estás pagando por la irresponsabilidad de otros, aprende la lección. El pasado no se puede borrar pero el presente sí lo puedes cambiar.

Todo lo aprendido serán las experiencias que te lleves pudiendo aportarlas a los demás, desde la comprensión.

NO es fácil vivir procesos de esta índole, es muy delicado.

NO es agradable pagar el precio por algo que no se ha hecho, pero siempre hay un trasfondo en todo esto. Probablemente haya sido la manipulación a la cual muchas veces nos hemos visto sometidos o igual ha sido una mala decisión. Sea cual sea el motivo, agradece la lección aunque te cueste. Aquí demuestras tu grandeza.

El aprendizaje es tremendamente potente y tu muestra de amor hacia el otro también.

<u>Si de lo contrario no has hecho nada</u>, no alimentes la fuerza y las palabras que pueda poner en ese papel o en ese acto injusto para ti. Acepta que tienes que solucionarlo y aprovecha para entrenar tu grandeza.

Es posible que te sientas muy incómoda/o y tengas ciertas limitaciones con algunas palabras como las que antes te he mencionado, (conflictos, denuncias, contratos, hipotecas, testamentos, herencias, juzgados, etc.).

Quizás nunca te han explicado su significado de forma pacífica y con claridad. Puede que a partir de hoy empieces a mirarlo con otros ojos y si volvieras a vivir una experiencia similar podrías contemplarla desde otra visión.

Vivir es un entrenamiento que dura **24 horas diarias**, con sus momentos de descanso y sus puestas en acción, el cronómetro siempre lo llevas encima, es tu corazón.

Cada paso que des, te muestra una dirección. Da los pasos que necesites y no temas equivocarte. Atrévete a experimentar la experiencia de equivocarte y rectificar con una actitud de grandeza.

Vamos a jugar con la vida, *dándole la vuelta a todo y cayendo de pie.*

Esta expresión la aprendí en docencia y es realmente transformadora.

Mi tutora, Mari Carmen Bri, la repetía diariamente y me creó tal impacto emocional que se quedó integrada en mi propia esencia.

¡Bendito regalo gracias, gracias, gracias, amiga mía!

Ahora sí...

Te invito a que hagas algo nunca has hecho.

¿Para qué? Para que tomes conciencia de todo lo que tienes y posees en tu vida. Verás la cantidad de cosas que tienes y no utilizas.

¿Has hecho alguna vez un TESTAMENTO?

Coge nuevamente tu libreta de tu programa de vida y busca el lugar idóneo para escribir tu propio testamento.

Pon a funcionar tu creatividad, con tu corazón conectado a tu esencia y reparte todas tus pertenencias a las personas, asociaciones, fundaciones o a quien te apetezca. Verás qué sensación más intensa sientes cuando lo tengas todo repartido.

Este ejercicio te puede ayudar a muchas cosas. Es un acto simbólico de desapego a lo material, de soltar ciertas emociones que nos generan un cortocircuito en nosotros.

Deja de creer que necesitas cosas para ser tú misma/o, todo lo que necesites te será dado en el momento que lo necesites.

Ahora ponte a jugar con la vida y crea momentos divertidos que impregnen tu alma.

Todo depende de ti, del cómo te sientas, del cómo te expreses al escribirlo, de la actitud que tengas en este momento.

Aprovecha al máximo todas las pautas que te voy a compartir y las que tú misma/o te crees.

Un testamento no se hace solo cuando uno quiere dejar por escrito algo para los demás, es algo mucho más grande que no nos cuentan, hoy lo vas a experimentar en tu propia esencia.

Nada de lo que tenemos es nuestro ni nosotros somos de nadie. Todo cuanto tenemos nos lo dan para disfrutarlo y compartirlo con los demás, pero la arrogancia humana es muy tozuda.

El dinero y el poder esconder mucho detrás de todo esto, así que vamos a hacer de algo muy serio, un juego muy divertido. Esta palabra tan poderosa podemos cambiarle el sentido.

¡¡Te lo vas a pasar en grande!!

¡¡Simplifica tu vida al máximo, juega

y no se lo cuentes a nadie!!

TESTAMENTO DIVERTIDO

1. **Realiza una lista con todos tus bienes**, cuando te canses, paras. *¿Sorprendida/o de todo lo que tienes?*
2. **Escribe quiénes van a ser tus herederos**, todos lo que tú quieras. *Recuerda que estamos jugando, conecta tu corazón a tu mente.*
3. **Divide tus bienes en tres partes.**
4. **Anota el nombre de tus herederos** en cada una de las partes que tú desees.

5. **Distribuye tus bienes** a cada heredero argumentando para qué le dejas esa herencia.

6. Una vez que lo tengas todo escrito, **realiza una grabación en tu móvil,** leyendo el reparto de todos tus bienes a tus herederos.

¿Lo has hecho ya?

¡¡¡FELICIDADES!!!

¿Qué has sentido?

¿Te ha dado miedo?

Si lo has terminado hasta el final, se te habrán disparado muchísimas emociones. Es lógico pero...

Tranquila/o no te vas a morir, esto es un juego.

Se trata de sentir la experiencia del DAR lo material.

Nos cuesta mucho soltar porque creemos que nos va a faltar. No nos falta nada, tenemos todo cuanto necesitamos. Si la vida no nos entrega más es simplemente porque no estamos preparados para ello.

Sigue jugando...

Ahora transforma estos puntos visualizándolos, es decir, cierra tus ojos y piensa cómo les entregarías todo esto a todos tus herederos, qué les dirías.

Regálales tu mejor versión desde tu silencio.

Hazlo y verás qué pasa...

Si has terminado ya tu visualización habrás podido sentir tu propia grandeza.

Integra tu visualización...

¡EXPRÉSATE CON GRANDEZA, LLORA, SONRÍE, ABRAZA, BESA, MUÉSTRATE SIN MIEDO Y TODO TE SERÁ DADO!

Descubrirnos a nosotros mismos a través de este tipo de juegos nos ayuda a SER quien realmente somos.

Cuando nos expresamos con claridad, nos invade la emoción del sentir.

Todo lo que le damos a los demás es lo que vamos a recibir.

JUEGA CON LA VIDA Y LA VIDA JUGARÁ CONTIGO, NO CONTRA TI.

Es tan gruesa la coraza que las personas llevan puesta que hablar de grandeza les incomoda, no es habitual expresar estas palabras. Lo habitual sería hablarles de problemas, enfermedades, dificultades, violencias, etc., eso lo entiende la gente a la perfección, es más, alimentan ese sentir, por este motivo, si abrazas a una persona que vive amargada, triste, enfadada o furiosa con la sociedad, podrás darte cuenta de la falta de amor que esa persona tiene. Es así de triste.

En cambio, cuando entiendes que tu poderosa vida te ha acompañado, te acompaña y te acompañará siempre, no temas para nada abrazar, amar y besar como si fuera la primera vez.

Dile a tu gente que la amas, que los adoras, a pesar de las circunstancias. Al principio los descolocarás pero luego sonreirán, el alma siempre asoma la cabecita.

Siempre ERES el protagonista de tu vida, te dieron todo lo necesario para empezar crear algo muy grande, para que soñaras despierto y no te escondieras en tus propias pesadillas. A pesar de que se cruzaron caminos que elegiste, conseguiste llegar a la meta.

Tu propia motivación será las semillas que siembres que seguirán creciendo conforme tú lo hagas. La lluvia

no cesa aunque lo desee, al igual que una estrella no deja de brillar a pesar de los desafíos.

"No hay que ser grande para empezar, pero sí serás grande cuando empieces"

Con tu luz iluminarás a otros, rodéate de personas que alimenten tu potencial que te empujen cuando vean que te estancas.

Cuida tus semillas de grandeza y cultiva a menudo tu cosecha. Deja de comer de lo muerto, eso es de la otra era.

Expande tus semillas, cultivando confianza, fe, esperanza, amor, alegrías, conocimiento, sabiduría.

Tu vida se acabará, lo sabes, no permitas morir pobre de alma, enriquécete, elévate y aparta tus lastres del camino construyendo tu propio palacio. Solo tú sabes que puedes hacerlo.

Todo cuanto te comparto aquí tú ya lo sabes, lo que pasa es que no te lo crees. Es solo falta de entrenamiento. Puedes empezar hoy tu propio entrenamiento contigo misma/o.

Hablarte con cariño y amor te da la oportunidad de poder sacar tu grandeza ante los demás.

Todos tenemos un gigante dentro deseando ser despertado

Tengo algo más que enseñarte en esta extensa travesía hacia tu interior. Compensar acción y emoción es lo que te comparto en estas páginas.

Con perseverancia, insistencia, resistencia y amor vas a conseguir tu objetivo... te lo cuento en las siguientes páginas.

Capítulo 9

Compromiso, Perseverancia y Resistencia

Compromiso, Perseverancia y Resistencia

Avanzamos por la vida tan deprisa que muchos ya no recuerdan que fueron niños.

Es grandioso observar la luz que desprende un niño, cuánto amor emana de su interior, su energía desborda felicidad del alma, es adorable contemplar toda esa hermosura unida, a pesar del corto camino que cubre nuestra infancia en nuestra vida.

Todos hemos sido niños aunque no todos han elegido ser padres. Es interesante reflexionar sobre ello.

La majestuosidad que vivimos siendo niños se va oscureciendo conforme vamos creciendo en edad, cuando los adultos nos van guiando con sus miedos e incertidumbres avisándonos de lo oscuro que está el camino. Es muy potente observar cómo esa luz se va apagando en los niños que empiezan a transitar el mismo camino que el adulto, dejando de amar y brillar en libertad como cuando empezó a dar sus primeros pasos.

Nos escondemos y escondemos a los nuestros para protegerlos del peligro inculcando nuestras propias creencias en ellos. Lo más tremendo de todo es que nos seguimos creando nosotros mismos esos temores sin avanzar sin permitirnos crecer, encerrándonos en nuestro propio desierto. Cuántas atrocidades reúne nuestro cerebro.

Hay que despertar de golpe y darnos cuenta de que después de la tormenta siempre sale el sol, su brillo es más intenso que la oscuridad ese es nuestro alimento diario, alimentar nuestro sol, nuestro brillo y nuestra quietud. Nos perdemos en el silencio que es quien nos guía al centro de nuestro ser.

> *"Se necesitan dos años para aprender a hablar y sesenta para aprender a callar"*
>
> **Ernest Hemingway**

Esta frase resulta muy curiosa y acertada a la vez. La mente nunca cesa de crear acontecimientos para mantenernos en la escasez y pobreza mental.

Para romper con ello solo nos queda una salida: compromiso, perseverancia y resistencia. Un **CPR** en toda regla es una estrategia perfecta para detener de forma inmediata esos pensamientos.

Hemos nombrado ya alguno de estos conceptos tan necesario para nuestro día a día.

Como el ser humano necesita repeticiones de alto voltaje para integrar nuevos conceptos a su vida, es importante insistir en ello para no olvidarlo.

Es puro entrenamiento mental comprometerse en el presente para realizar una sanación y limpieza con uno mismo.

La perseverancia, según el diccionario, es la firmeza y constancia en la manera de ser o de obrar.

Ser perseverante es esforzarse continuamente para alcanzar lo que te propones, es buscar soluciones a las dificultades sin perder la paz, sumergiéndote con valor para obtener el resultado que deseas.

Ser perseverante te ayuda a hacerte fuerte mentalmente y en espíritu, dejándote llevar de forma fácil y cómoda desde tu propia seguridad. Igual de fácil es perder el control y venirse abajo, por ello la atención es una fiel compañera de la perseverancia.

La atención es la capacidad de seleccionar y concentrarse en los estímulos más relevantes de las personas. Te permite orientarte hacia los procesos que emprendas. Tiene un grado importante para todos, siempre podremos mejorarla según vayamos adquiriendo conocimientos y los pongamos en práctica.

La vida no sabe de teoría, por lo tanto cualquier concepto nuevo o método que llegue a tu vida y llame tu atención, **ponlo en práctica con inmediatez** para mejorar tu calidad desde tu propia esencia.

Cuando emprendes la práctica de integrar conocimientos diferentes a tu mente ocurre algo curioso.

Tenemos la capacidad de resistir tanto sufrimiento y dolor que creemos que es necesario y eso no es verdad. Somos seres puros, libres y preparados para volar crecer y expandir nuestra esencia como Campanilla esparcía sus polvos mágicos.

Es la verdad, la verdad que nos hace libres y nos reímos porque sentimos la verdad dentro de nosotros.

> La profundidad de una persona no se mide por la huella que deja al pasar, sino por la distancia que abarca su mirada.
>
> **Carolina Herrera**

- *¿Has sentido alguna vez la sensación de profundidad dentro de tu SER?*

- *¿Te has parado a observar esos momentos en los que tu mirada mira al infinito?*

Prestar atención a estos pequeños detalles de acciones que realizamos inconscientemente, nos da bastantes mensajes que la gran mayoría de veces no sabemos interpretar.

Son pequeños momentos de plenitud o placer que nos está marcando nuestra esencia, alguna petición que no recordamos, nos lo envía a través del inconsciente, nos para y nos quedamos observando *"a la nada"* en estado de paz.

¡Es asombroso!

La próxima vez que te sucede pon atención consciente, a ver qué puede significar. Seguro que si se lo preguntas a tu alma, qué estás pensando, te contestará. El alma siempre nos dice la verdad aunque no nos agrade su contestación.

Si te resistes a no querer saber lo que es, te lo enviará de otra forma. Las señales que nos dan hay que pararse para atenderlas.

Vamos a practicar un **CPR** (Compromiso, Perseverancia y Resistencia).

Es muy sencillo.

Lo vamos realizar a través de la música.

- Escanea el código QR que hay continuación, ponte cómoda/o y siente cada nota de este melodía.

- Si quieres puedes poner tu móvil para avisarte, puedes hacerlo durante 20 minutos antes de irte a dormir, al levantarte o ambas inclusive. También puedes quedarte dormida/o escuchándola.

- Permite que fluyan tus sentimientos, emociones y toda la belleza que te nazca al escucharla.

- Crea con tu imaginación todo lo que desees: momentos de quietud, tu nueva actitud frente a los desafíos de tu día, etc. Crea desde tu propia paz.

- Aprovecha este instante para estar contigo y solucionar, desde el silencio, cualquier incertidumbre que tengas repitiéndote mentalmente:

"YO SOY AMOR EN MI ESENCIA"

- Si aparecen resistencias, déjalas que pasen. Respira profundamente, guarda silencio y relaja tu mente.

DISFRUTA DESDE TU ESENCIA
LA PROFUNDIDAD QUE EMANA TU SER

Como siempre te digo querida/o lector/a, después de recibir algo para el alma, debemos poner en práctica físicamente todo lo aprendido. De nada sirve perderse en la espiritualidad si no traemos a nuestro presente el conocimiento poniéndolo en situación de acción.

Con los pies en el suelo y el corazón en el cielo, seguimos avanzando.

El entrenamiento es continuo como lo es también nuestra propia formación. El movimiento es salud, ejercitar cuerpo y alma es necesario para nuestra existencia.

Practica tu aprendizaje todo los días con el **CPR** que terminas de realizar, y si te da buen resultado puedes hablar de ello enseñándoselo a los demás.

> *La vida nunca es estancamiento. Es movimiento constante, pues nosotros cambiamos constantemente. Las cosas viven moviéndose y ganan fuerza mientras lo hacen.*
>
> **Bruce Lee**

Desde hace años salgo a caminar todos los días, muy temprano, por las mañanas, un par de horas. Para mí, es uno de mis alimentos diarios, es una meditación en movimiento, es el momento de crear mi día activándome a cada paso que doy, es mi recarga de energía, me ayuda a liberar dopamina y me eleva mucho la vibración.

Me motiva mucho ir a caminar, no solo porque me hace sentir bien, sino por lo que disfruto mientras camino. Me ayuda a expandirme a ensancharme y estirarme física y emocionalmente.

Siempre camino sola, con mis auriculares, escuchando audios de crecimiento y desarrollo personal, bien de

los mentores con los que trabajo a diario o de otras personas que comparten contenidos de valor a través de las redes sociales.

Llevo tiempo entrenado a mi mente a que reciba lo nuevo, es por ello que planifico el contenido a escuchar ese día antes de salir de casa.

Además lo planifico con la intención de aprender durante ese recorrido algo concreto y llevarlo a la práctica ese mismo día. Hay veces que se me resiste la lección, me dejo en paz y al día siguiente vuelvo a empezar de nuevo, hasta que lo consigo.

Otros días decido optar por la música clásica o música instrumental.

En realidad la que más me gusta es la música subliminal. Me ayuda a crear ideas brillantes, más adelante te explicaré qué tipo de música es, sigo contándote.

Ese estado mental y emocional me ayuda a crecer a diario, me hace estar en paz, acelerar mi proceso y siento la quietud necesaria para el momento presente.

Lo que más me fascina es que el mero hecho de ponerme en movimiento hace que mi creatividad e imaginación se pongan a trabajar a tope. Creo ideas que luego me sirven para poner en práctica en mi trabajo ese mismo día.

Es sensacional, la energía y entusiasmo que me genera salir a caminar sola. Sé que me lo genero yo misma porque voy sola. Bueno me acompaña mi "POR QUÉ Y PARA QUÉ". Los tengo siempre muy presentes.

Si sales a caminar en compañía, elige bien quién te va a acompañar en la travesía, hablar de forma gratuita y sin control puede ocasionar un efecto contrario. Si vas a dedicarte tiempo de salud caminado, pon en práctica la palabra también, ya hemos mencionado a lo largo de toda la saga de SER FELIZ, lo perjudicial que resulta expresar palabras al viento.

RECUERDA: *"Todo lo que decimos, sentimos y hacemos vuelve a nosotros multiplicado"*.

Si no dispones de tiempo para aprender algo nuevo a diario por tu apretada agenda, te propongo un reto:

Busca media hora de tu día y pon en práctica esta estrategia mental de creación. Crea mientras estás en movimiento, bien caminando o corriendo, tú eliges.

Aprovecha tu tiempo contigo. Pon en tu mente eso que deseas: una idea para tu proyecto, una solución a algún problema, un aprendizaje que desees obtener, etc. Lo que sea. El compromiso es contigo siempre, todo lo que haces por ti será para ti.

Si no te gustan los resultados que tienes actualmente, aplica pequeñas prácticas a tu vida y mejorarás en un corto período de tiempo. Haz la prueba, une corazón y mente, ejercita los dos al mismo tiempo y verás nuevos resultados, es maravilloso.

Lo que quiero hacerte comprender con esto es que de todo cuanto hagas en tu día a día, tienes que sacar el mayor beneficio para ti misma/o.

Durante muchos años has repetido las mismas acciones en tu mundo incómodo, obteniendo unos resultados que posiblemente no te han gustado pero te has conformado.

Deja de conformarte y saca todo tu potencial a la luz porque muchas personas están deseando verlo, a través de tus talentos y habilidades.

Entrena a diario tus dones, los llevas impregnados en tu esencia, y hazte un experta/o en el área que más de guste, para poder ayudar a los demás.

Las cartas de la vida las tienes en tus manos no permitas que te ganen la partida y juega a ganar, ganando tú ganan los demás. Tú les enseñarás.

¡¡Ve a por el póker, te lo mereces!!

Amortizar todo cuanto hagas es un plan perfecto, es la estrategia divina que tu alma necesita para sentir el equilibrio y despegarse de la aburrida rutina.

Como tenemos herramientas y recursos suficientes para emprender nuestra transformación desde nuestra propia esencia, la música es un factor importante en esta acción.

Elige aquella música que más te guste y sintonice con tu esencia. También puedes abrirte a descubrir otro tipo de música en frecuencias más elevadas que te ayuden a inspirarte. Aquí te voy a compartir gran parte de toda esa música que a mí me ha inspirado a lo largo de mi transformación de vida.

Quizás nunca lo habías pensado, pero la música, aparte de ser maravillosa para todos, trae mucha ciencia detrás con infinidad de curiosidades, va mucho más lejos de lo que creemos.

No me imagino la vida sin música, en mi opinión, sería muy triste vivir sin ella y siento que para el resto de los mortales también.

¿Estás de acuerdo conmigo?

La música atraviesa horizontes, caminos y universos, llega a lo más profundo de nuestro ser, es una auténtica herramienta terapéutica para todos.

Existe música de muchos tipos, que pueden ayudar a mejorar desde diferentes estados mentales, emocionales, incluso enfermedades.

La música viaja en otra dimensión es uno de los motivos por lo que nos genera tanto placer y bienestar a las personas. Incluso es una buena terapia para los niños recomendada por profesionales.

Hace unos días hablando con una amiga me comentaba que en el cole donde va su niña le habían recomendado la música como herramienta principal para trabajar las emociones de los niños. Expresarse a través de la música les permite seguir siendo ellos mismos. ¡Es maravilloso!

La música también nos ayuda a llegar a estados emocionales muy amorosos, es una muy buena canalizadora para expresarnos los adultos demostrando nuestro amor a través de las canciones.

Si podemos llegar a enamorarnos de otros, también podemos utilizarla para enamorarnos de nosotros mismos.

En definitiva, la música es una fiel compañera de vida.

Os voy a compartir misterios de la música que quizás no conozcáis. Es posible que hayáis escuchado hablar de ellos, pero vamos a profundizar para el beneficio de todos, haciéndolo fácil, sencillo, de una forma saludable y positiva para todos.

Continuamos la travesía….

Capítulo 10

La Música en Tu Esencia

*L*a *M*úsica en *T*u *E*sencia

La música forma parte de las necesidades humanas, nos ha acompañado y nos acompañará siempre en los buenos y malos momentos. Nuestro sistema emocional se nutre de ella, al igual que lo hacen nuestra salud y nuestro cerebro.

A través de la vibración de la música se despiertan muchas sensaciones de recuerdo, emociones del presente que nos llevan a un estado de conciencia elevado con ritmo y en movimiento.

En esta tercera dimensión física experimentamos el caminar a lo largo, a lo ancho y lo alto, también lo hacemos en lo profundo, lo que no se ve. Ahí es donde habita el tiempo, en la llamada cuarta dimensión, y la música nos eleva hasta la quinta dimensión. Es por ello que la música nos hace alcanzar otro estado de conciencia en este presente.

Nos hace llegar a estados que no vemos, pero lo sentimos y cuando nos dejamos llevar por ella, viajamos en avión de la eterna libertad. Nos expandimos, así crece de forma natural la belleza en esencia.

Es un arte placentero que nos hace disfrutar en todo momento trabajando, caminando, descansando o incluso estudiando.

Dependiendo de tipo de música que elijamos, estimulamos más o menos el mecanismo neuronal de nuestro cerebro.

Un ejemplo para llevar los estímulos a un nivel alto podría ser cuando estamos en una fiesta y escuchamos una canción que nos gustan. Nuestra vibración se eleva, nos emocionamos, el entusiasmo alcanza picos muy elevados que produce una conexión del cerebro y corazón, liberando dopamina, al igual que lo hacen la comida, el sexo y las drogas.

Todos estos estímulos dependen de un circuito cerebral del sistema límbico, nuestro cerebro emocional (la mente que piensa y la mente que siente).

Escuchar música con un grupo de amigos, en un concierto o escucharla mientras practicas algún deporte en grupo, eleva doblemente nuestra energía ya que se contagia dicha energía y disparamos el potencial de nuestra esencia.

¿Te habías dado cuenta de esto?

La Neurociencia nos hace reflexionar acerca de lo que hace el cerebro cuando recibe la música.

Evidentemente su historia se estima que tiene muchos años de antigüedad, la música nace con el ser humano es por eso que nos acompaña siempre considerándose una manifestación cultural universal.

Se han podido comprobar hallazgos arqueológicos de instrumentos construidos con huesos de animales, eso nos lleva a pensar que ya desde la Prehistoria se experimentaba su creación.

Existen ciertas teorías sobre la evolución de la música. Al estudiar las respuestas del cerebro en esta unión se ha podido comprobar que están involucradas con la ejecución del movimiento.

Las tribus más primitivas ya tenían su propia música para crear sus rituales de caza o celebraciones varias.

Hipotéticamente es una de las razones por las que el desarrollo de la música y su evolución nos ayudan a mantenernos en movimiento, actuando este beneficio evolutivo de forma altruista, al unísono, en unión a todas las personas. La música nos ayuda a acercarnos unos a otros.

Algunos científicos sugieren que la música puede influir sobre nosotros tras haberse creado un hecho fortuito, por la capacidad de fusionar sistemas cerebrales construidos para otros fines como el lenguaje, la emoción y el movimiento.

En definitiva, investigadores, arqueólogos, científicos, todos hablan de lo mismo con diferentes palabras, lo que realmente es verídico es que escuchamos música desde que nacemos, desde nuestra propia cuna, incluso desde el período de la gestación.

Los bebés en sus primeros meses de vida tienen la capacidad de responder a melodías antes que la comunicación verbal de los papás. **¡Eso es alucinante!**

Una vez escuché que los bebés prematuros que no pueden dormir, si escuchaban el latido del corazón de mamá o sonidos similares, se relajan beneficiándose de ese sentir.

El científico Robert Zatorre, uno de los fundadores del laboratorio de investigación de Brain, Music and Sound *(cerebro, música y sonido),* en Canadá, describe así los mecanismos neuronales de percepción musical:

"Una vez que los sonidos impactan en el oído, se transmiten al tronco cerebral y de ahí a la corteza auditiva primaria; estos impulsos viajan a redes distribuidas del cerebro importantes para la percepción musical, pero también para el almacenamiento de la música ya *escuchada; la respuesta cerebral a los sonidos está condicionada por lo que se ha escuchado anteriormente, dado que el cerebro tiene una base de datos almacenada y proporcionada por todas las melodías conocidas*".

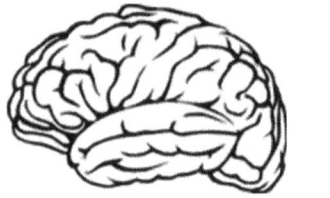  

Todas las personas cantan y bailan juntas en todas las culturas.

Todos sabemos que...

Seguiremos haciéndolo hoy, mañana y siempre,

creando sinergias y creando futuro...

Nuestros ancestros ya lo hacían hace miles de años

bailando y cantando alrededor de hogueras de fuego...

Esto fue parte de su legado.

> *La guitarra antes de ser instrumento fue árbol y en él cantaban los pájaros. La madera sabía de música mucho antes de ser instrumento...*
>
> **Atahulpa Yupanqui**

¡Cuántas veces hemos escuchado a nuestros sentimientos a través de la música!

La música tiene su espacio para todas las circunstancias y vivencias que decidimos experimentar. En cumpleaños, en bodas, en rupturas de pareja, en momentos de soledad, en nuestros proyectos de vida, en nuestro mal estar o enfermedad, nos ayuda siempre a reencontrar la quietud de nuestro ser. A través de las letras de las canciones podemos encontrar soluciones a nuestros estados emocionales.

¿Te ha pasado alguna vez estar escuchando una canción y verte reflejada/o en ella con la historia que cuenta?

A veces experimentamos mucho más dolor escuchando la canción en sí que observando la realidad de lo sucedido. Es una pura transición hacia el progreso de la cual no somos conscientes.

Es una herramienta poderosísima que nos han regalado junto con nuestra propia vida, pero hay que saber elegirla bien.

Relacionar la música con el lenguaje también es objeto de estudio.

Cuando hablamos o cantamos, esa función va ligada, dependiendo de si somos diestros o zurdos, a un lado del cerebro, que nos hace desempeñar la información que necesitamos.

Nuestros hemisferios derecho e izquierdo procesan la música a través de las notas musicales y las palabras.

Se ha investigado que lo que sentimos cuando escuchamos una pieza musical es muy similar en todas las personas experimentándolo desde el mismo lugar. Por ello se crean sinergias positivas enormes al escuchar canciones que se ponen de moda.

En los conciertos, las personas cantan todas al mismo tiempo, se siguen unos a otros inconscientemente generando una energía inmensa que nace desde el alma.

Aunque hay música, como el reguetón, que no deberíamos ni escucharla, la mujer siempre sale mal herida en muchas de las letras de esas canciones. La palabra reguetón tiene su origen en Panamá, en los años ochenta, empezó a emplearse por primera vez para designar un género musical que surge de la unión del reggae y el hip hop.

Es una música de moda que no aporta una contribución positiva a la sociedad con las palabras que emplea, aunque los ritmos y música que utiliza son pegadizos y ayudan a crear sinergias negativas entre las personas. Esta música triunfa porque, inconscientemente, los jóvenes la alimentan sin prestar atención en absoluto al contenido de la misma.

El estudio de la música es tremendamente impactante en la vida de todos. Las melodías, en muchos casos, trabajan en nuestro beneficio a nivel individual, al equilibrar el estado de ánimo e incluso la propia fisiología humana, de manera más eficaz que las palabras.

Cuando expresamos nuestras palabras cantando, nuestro diálogo interno crea espacios emocionales que nos inundan de emoción.

La musicoterapia busca activar procesos fisiológicos y emocionales que permiten estimular funciones deterioradas en tratamientos de enfermedad con el fin de mejorar la salud.

¿Te parece interesante el mundo de la música?

Cuando una persona, un cantautor se pone en marcha para crear sus propias canciones, necesita evadirse del mundo y viajar a otra dimensión, a la quinta dimensión, donde la creación es tan auténtica que al cantar su propia canción trae consigo su esencia, sentimiento y corazón todo eso es lo que se convierte en su canción. ***¿No te parece alucinante?***

A través de la música las personas nos regalan verdaderas obras de arte, envueltas con vibraciones maravillosas que nos hacen volar emocionalmente.

Cuando te recreas viendo programas de música en la tele o en internet, *¿no te ha pasado que te has metido en el papel del que canta y has llorado de la emoción?*

Todas esas sensaciones que nos mueven escuchar a las personas cantar son nuestros sentimientos que afloran desde lo más profundo de nuestra alma.

El nivel espiritual que se alcanza con la música es tan alto que puedes comunicarte con un universo paralelo. Es una bendita válvula de escape para la creación de nuestra propia vida.

Es más, un estudio realizado hace unos años en Florida dice que:

- *La música regula el nivel de hormonas relacionadas con el estrés.*
- *Fortalece la memoria y el aprendizaje.*
- *Afecta la velocidad de las ondas cerebrales.*
- *Recrea recuerdos.*

Tenemos entre nosotros verdaderas esencias en personas que nos hacen resucitar con excelencia de sus trabajos musicales.

Son personas adultas y niños que, a través de sus voces o tocando instrumentos musicales, nos transmiten su verdadera esencia.

Son verdaderos maestros, genuinos y auténticos que guardan dentro de su SER, un verdadero Mozart, una auténtica Montserrat Caballé o cualquier otra celebridad de este mundo que ha dejado su huella, para impulsarnos a ser nosotros mismos a través de la música.

Han entrenado sus talentos, habilidades y dones y los han puesto al servicio de la humanidad, haciéndonos disfrutar y sentir múltiples emociones que nos llenan el alma.

Quizás te estés preguntando para qué tanta información sobre la música en un libro como este.

Existe una sencilla razón.

Nos dan cuanto necesitamos para situarnos en nuestro momento presente, necesitamos la ayuda incondicional de los demás para atrevernos a hacer cosas. y esta bendita herramienta ayuda tanto que es necesario prestarle atención y expandir su esencia.

Vivimos en un mundo con personas con las cuales nos tenemos que relacionar a diario y tener a nuestra disposición todo el conocimiento nos permite poder pasar a la acción solucionando nuestros problemas en cualquier instante. Lo emocional y lo físico siempre van de la mano.

Después de la teoría siempre llega la práctica, es decir, bajamos este concepto a nuestros pies y nos ponemos en acción para aplicar este concepto a nuestra vida.

Todo lo que nos han dado nos ayuda a construirnos para poder dar a los demás y seguir el ciclo de la vida.

"DAR Y RECIBIR ES EL ORDEN A SEGUIR"

No temas dar, pues la vida te lo traerá de vuelta, constrúyete a ti misma/o para poder dejar un buen legado en este mundo.

Sumérgete en la profundidad de todo aprendiendo hasta el día que dejes este mundo. Nuestra partida es segura pero queda mucho por hacer y por disfrutar todavía. No es momento de rendirse.

Haz fácil lo difícil y podrás disfrutar de tu vida de una forma maravillosa.

Ahora toca la parte práctica de todo esto.

¿Estás preparada/o?

Pero antes... lee este cuento y empápate de su magia.
☺

Música para las nubes

"Había una vez un pequeñísimo país castigado por una larga sequía.

Llevaba tanto tiempo sin llover que la gente comenzaba a pasar hambre por culpa de las malas cosechas.

Coincidió que en esos mismos días un grupo de músicos cruzaba el lugar tratando de conseguir unas monedas como pago por sus conciertos. Pero con tantos problemas, nadie tenía ganas de música.

- **Pero si la música puede ayudar a superar cualquier problema** - protestaron los músicos, sin conseguir ni un poquito de atención.

Así que los artistas trataron de descubrir la causa de que no lloviera. Era algo muy extraño, pues el cielo se veía cubierto de nubes, pero nadie supo responderles.

- **Lleva así muchos meses, pero ni una sola gota han dejado caer las nubes** - les dijeron.

- **No os preocupéis, nosotros traeremos la lluvia a esta tierra** - respondieron, e inmediatamente comenzaron a preparar su concierto en la cumbre de la montaña más alta.

Todos los que lo oyeron subieron a la montaña, presa de la curiosidad.

Y en cuanto el director de aquella extraña orquesta dio la orden, los músicos empezaron a tocar.

De sus instrumentos salían pequeñas y juguetonas notas musicales, que subían y subían hacia las nubes.

Era una música tan saltarina, alegre y divertida, que las simpáticas notas comenzaron a juguetear con las suaves y esponjosas barriguitas de las nubes, y tanto las recorrieron por arriba y por abajo, por aquí y por allá, que se formó un gran remolino de cosquillas, y al poco las gigantescas nubes estaban riendo por medio de grandes truenos.

Los músicos siguieron tocando animadamente y unos minutos más tarde las nubes, llorando de pura risa, dejaron caer su preciosa lluvia sobre el pequeño país, con gran alegría para todos.

Y en recuerdo de aquella lluvia musical, cada habitante aprendió a tocar un instrumento y, por turnos, suben todos los días a la montaña para alegrar a las nubes con sus bellas canciones".

Pedro Pablo Sacristán

A veces la solución a un problema la detenemos sin darnos cuenta. Haz fácil lo difícil, por absurdo que te parezca.

Si te ha parecido sencillo leerlo, igual de sencillo es solucionar tus problemas diarios, comprometiéndote y actuando de corazón, como los músicos de este cuento.

En tu nuevo amanecer puedes aplicar todas las herramientas, recursos y técnicas para acelerar los procesos donde posiblemente permaneces estancada/o.

Todo va relacionado siempre para conseguir un objetivo final y físico. En este caso te quiero hablar de las meditaciones, pero no de una meditación tradicional, que también aportan y contiene gran beneficio a las personas.

¿Has escuchado alguna vez hablar sobre los audios subliminales?

Tienen una historia muy larga, su aparición fue sobre los años 60-70. Estos audios tienen que ver mucho con el control mental.

Para muchos expertos en este tema, constituye una de las herramientas más eficaces para programar la mente. Sin embargo, también constituyen una amenaza al sistema de control.

Desde mi propia experiencia puedo decir que...

Escuché esta explicación de estos audios a un señor que se dedica a investigar acerca de la programación mental y los audios subliminales, su nombre es Iván Donalson.

He podido experimentar los efectos de estos audios y compartirlos contigo es porque es una experiencia que merece la alegría.

Las más grandes autoridades dedicadas a la psicología, neurolingüística, hipnosis, creen que en verdad, son bastante importantes los audios subliminales para programar la mente de una manera muy efectiva.

¿Cómo funcionan estos audios?

Existen muchas técnicas, unas son falsas y otras son auténticas.

¿Cómo diferenciarlas?

Las audiciones subliminales falsas no tienen en realidad efectos, no te hacen entrar en un estado de conciencia profundo. Son audios que a pesar de llevar unas frases, canciones o sonidos expresan el mensaje de forma invertida. No facilita la conexión con el inconsciente, más bien es complicado entenderlo, por lo tanto no son eficaces.

¿Has escuchado alguna vez mensajes de voz con un eco profundo de fondo?

Estos son otros tipo de audios subliminales que ponen la voz en una frecuencia diferente, utilizando tecnología *binaural* (el sonido binaural es aquel que, siendo grabado mediante el uso de dos micrófonos crea para el oyente una sensación de sonidos en 3D) y estos audios no se ha demostrado tampoco que funcionen de manera eficaz.

Existe otro tipo de grabación más poderosa de audios subliminales, que esta sí te permite conectar. Utiliza una voz más sigilosa, más sutil, como una especie de susurro.

Al parecer, el poder que ejerce la voz en un tono más bajito es mucho mayor para poder acceder al inconsciente de la persona.

Hay un libro en el que puedes leer sobre la Programación mental, escrito por Eldon Taylor. Existe también en audio libro, puedes buscarlo por internet y escuchar sus enseñanzas.

Aquí muestra varios métodos. Te quiero mostrar uno de los métodos que expone que es el que he podido experimentar.

Se trata de audios en los que emplea dos mensajes diferentes en el mismo, uno para el canal del hemisferio derecho y otro para el canal izquierdo. El canal derecho solo entiende frases globales emocionales, frases como LA VIDA ES ALEGRÍA, ES ARMONÍA, ES FELICIDAD, y el hemisferio izquierdo, que es el del individuo, el hemisferio del YO, entiende frases más individualistas como YO SOY ABUNDANCIA, YO SOY AMOR, YO SOY FELICIDAD, etc.

Esas frases activan las memorias inconscientes de los dos hemisferios y llegan directamente a reprogramar nuestra mente de nuestras creencias más profundas.

Es una unión entre el corazón y la mente.

Estos vídeos deben escucharse varias veces para obtener el resultado. *¿Para qué?* Para que puedas acostumbrarte al sonido de la voz que es muy sutil y bajito. El susurro llega directamente a tu inconsciente a base de repeticiones.

Si eres muy mental te costará más escuchar, pero la repetición y el entrenamiento te harán conseguir tu objetivo, profundizando en tu mente para hallar el resultado.

Son audios muy poderosos que igual pueden construir o destruir. *¿Y por qué te cuento esto?* Porque es necesario que sepas que el poder mental tiene esa capacidad para hacerlo.

Estas recomendaciones son esenciales a la hora de realizar un trabajo mental con uno mismo.

Es por ello que escuchar estos audios te puede ayudar mucho a romper creencias y patrones mentales profundos.

La experiencia es la madre de la ciencia, por lo tanto la repetición de aprendizajes creará una nueva red en tu sistema neuronal ayudándote en tu día a día.

Puedes encontrarlos fácilmente en internet en el canal de YouTube. Mi recomendación es que mires el canal de Iván Donalson y entenderás de lo que te hablo.

Esta herramienta lo que te hace es ir concretamente a trabajar conceptos concretos, es decir, si quieres trabajar acerca de tus patrones mentales sobre el dinero, la riqueza y abundancia, hay vídeos con audios subliminales que te ayudan a prosperar rápidamente en ese trabajo.

Si quieres trabajar tu área personal para obtener mayor seguridad en ti, también puedes escuchar y dejarte sentir el que tú elijas. Hay más de 100 audios para todos los gustos y necesidades.

Practica el área que más se te resista con estos audios y experimenta algo nuevo en el día de hoy.

Antes de finalizar y para que puedas experimentarlo YA, aquí tienes dos códigos QR que puedes escanear e ir directamente a dos de los últimos vídeos que ha subido a su canal esta semana.

Es interesante que prestes atención plena y los escuches varias veces, estos audios o los que quieras. Tu entrenamiento constante hará que puedas descubrir cosas sobre ti que antes no conocías. No es necesario que lo repitas en un solo día, créate un hábito de escucharlo a diario para mejorar tu estado físico y emocional.

Esto es un reto más para transformar tu vida, ámándote cada día más. Tú te lo mereces.

Disfrútalo y ten paciencia contigo.

Te quiero compartir dos vídeos para que sientas la diferencia. Es un audio de reflexión para ti y el otro es un audio subliminal.

Enfócate en aquello que quieres solucionar en tu vida. (Salud, dinero y amor).

Para ello solo tienes que escuchar ambos audios hasta el final.

Ahora sí...

"DISFRUTA DE TI AQUÍ Y AHORA"

Audio Reflexión   Audio Subliminal

Capítulo 11
Escucha tu Soledad

Escucha a tu Soledad

La soledad es un estado que todos experimentamos alguna vez y muy pocos conocen su profundidad. En la mayoría de ocasiones, viene acompañada del miedo, una emoción primaria que forma parte de nuestro mecanismo de supervivencia.

En términos generales, la soledad es un estado de aislamiento en el cual las personas se sienten solas sin tener la compañía de otra.

Puede presentarse en nuestra vida de diferentes formas, bien porque sea elegida por uno mismo, bien por una imposición de la sociedad por alguna circunstancia concreta, bien porque se haya perdido a un familiar, bien por una enfermedad contagiosa, etc.

Si nos adentramos un poquito más en este concepto nos encontramos con que la soledad es un sentimiento que surge tras la percepción de no formar parte ni de nada ni de nadie, es la sensación de que el interior está vacío, aislado, sin ningún sentido.

Las personas que experimentan soledad la describen como una sensación de estar desconectadas del mundo, sin rumbo, con una vida carente de sentido, sin posibilidades de poder identificarse con los demás.

Todos nos hemos sentido solos alguna vez a pesar de estar rodeados de personas, es una sensación de

vacío que procede de lo más profundo de nuestra alma.

Podemos experimentar <u>varios estados de soledad</u>.

Un estado podría ser este:

En ocasiones, no llegamos ni a entenderlo, pues físicamente lo tenemos todo, una mujer o un marido que nos adora y la/o adoramos, una familia estupenda, unos hijos encantadores, un buen trabajo, una casa, un coche, en definitiva una vida perfecta visiblemente, pero nos falta algo que no vemos, porque no sabemos darle un nombre, es un sentir, un vacío enorme.

Es un indicador que nos señala hacia dentro de nosotros, una necesidad de abandonarlo todo y huir, pero nos falta valor. Dejamos que pase el tiempo junto con las circunstancias y seguimos igual. Atender este estado emocional nos causa respeto y miedo a la vez, es por ello que podemos llegar a experimentarlo en muchas ocasiones a lo largo de la vida. Al recrearnos tanto en la mente y no darle una solución, la vida vuelve a recordártela en varias ocasiones.

¿Te has sentido alguna vez así?

Cuando vives un estado de plenitud en tu momento presente, observas otra visión acerca de este estado, llegando a una comprensión mucho más profunda de lo que realmente hayas escuchado durante toda tu vida.

Aunque resulte difícil decirlo, la soledad es un estado que todo ser humano necesita para la realización de una mente brillante en su propia esencia.

En todo aislamiento existe la oportunidad de crear una nueva forma de vida, las mejores ideas brillantes llegan en un estado de soledad. Es necesario conectarse con uno mismo para obtener los beneficios de la fuente sabia que nace del interior.

Robert Lang, Experto en dinámicas sociales de la Universidad de Nevada en Las Vegas, *comenta que "muchos de nosotros acabaremos viviendo solos en algún momento de nuestra vida, ya que cada día nos casamos más tarde, las tasas de divorcio aumentan y las personas viven más".*

La calidad de vida prevalece cada día más, es por ello que cada vez son más las personas que están solas por voluntad propia.

Elsa Punset, filóloga y escritora, aportó en una entrevista que *"vivimos en una sociedad que solo parece estar bien si estás en pareja".*

¿Estás de acuerdo con esto?

Sea cual sea tu contestación, hay una evidencia muy clara y es que socialmente, la soledad causa mucho temor a millones de personas. Con el mero hecho de escucharla, mucha gente entra directamente en pánico o depresión. Sus mentes no conciben ese estado y sufren con tan solo imaginarlo.

Otro estado de soledad podemos experimentarlo a través de la desconexión de nosotros mismos:

¿Por qué la gente siente pánico cuando está sola/o?

Aquí entra a jugar su papel la dependencia emocional junto con el miedo de escuchar el silencio de uno mismo. Detrás de toda esta tristeza generada por la soledad, hay algo mucho más profundo, algo que no se ha sabido atender en el momento adecuado, bien por desconocimiento, incomprensión o desconexión.

Tomando conciencia ahora, puedes realizar tu propio trabajo individual de crecimiento en estado de soledad.

La vida es muy larga y muy corta a la vez; lo que no sucede en un año sucede en un segundo, pudiendo ocasionar un auténtico trauma en la vida de uno mismo.

Nadie cuenta con quedarse solo de la noche a la mañana, pero desgraciadamente son cosas que pueden suceder, esta vida es un regalo, en ella tenemos un llamado, cuando una persona pierde a otra por fallecimiento natural sin estar preparada/o es un trauma emocional que puede generar años de reparación.

Si la pérdida es a consecuencia de una separación de pareja, el dolor genera infinidad de incertidumbre a pesar de ser un bien para cada miembro afectado.

Pero si la causa de la soledad es el fallecimiento repentino de alguien eso es una tragedia que trae mucho sufrimiento y dolor si no se toma conciencia del hecho en cuestión.

El duelo es necesario, la soledad te lleva a un lugar introspectivo jamás pensado. Si voluntariamente te sumerges en él puedes llegar a una comprensión maravillosa. Si de lo contrario te dejas arrastrar por la soledad, puedes morir en vida por una creencia arraigada al sufrimiento.

Realizamos muchos tipos de duelos a lo largo de nuestra vida, que nos impulsan a nuestro crecimiento y evolución.

Todos esos duelos merecen nuestro respeto y dedicación, por ello debes poner plena atención si una situación de esta envergadura tuvieras que experimentarla.

Nuestra mente también tiene la capacidad de atraer la soledad. Aferrarse a algo o alguien es la perdición de cualquier persona.

Cuando la vida te impone algo por la vía que sea, no es agradable para nadie, con la soledad sucede lo mismo.

Es duro ver cómo sufre la gente a consecuencia de este estado. Todo es una decisión en esta vida.

¡¡¡Hay una buena noticia por encima de todo esto, que no nos han contado, pero que a partir de hoy la vas a recordar siempre!!!

Es algo que ya sabes, aunque se te haya olvidado y socialmente se haya alimentado mucho prevaleciendo solo lo perjudicial que implica esta palabra.

Es tan sencillo que es posible que te cueste creerlo, te voy a revelar algo que simplemente lo habías olvidado:

LA SOLEDAD ABSOLUTA NO EXISTE

Sí, has leído bien.

Sea cual sea el estado que desees mirar, bien al físico o al emocional, nunca estamos solos.

Las trampas de la mente junto con toda la información social que nos vende alteran nuestra paz, potenciando lo doloroso, lo que hace sufrir a las personas para mantener pleno control sobre ellos.

Existen circunstancias inevitables que las tenemos que vivir, es la ley de la vida.

La soledad es imprescindible en períodos determinados de nuestra vida, la necesitamos para descansar o concentrarnos en nosotros mismos.

El ser humano necesita ambas cosas, estar solo y estar en sociedad. El equilibrio te lo dan las experiencias en la vida.

No es lo mismo estar sola/o que sentirse sola/o. Un ejercicio o trabajo personal es aprender a construirse su propia soledad de calidad, es un auténtico trabajo de vida que debemos pasar por él para conocernos desde otra visión.

Estamos creados para sentir a cualquier edad la experiencia de la soledad.

Hace unos años tuve la oportunidad de compartir una experiencia con siete persona jubiladas que se había creado un estilo de vida auténtico.

Por cierto: ¿Sabías que la palabra jubilación proviene del latín "jubilare" y su significado **es gritar de alegría?**

Pues bien, a estas personas sus horas de jubilación como bien dice la palabra "JUBILARSE", las llenaban de alegrías y actividades, de tal forma que le faltaban horas en el día.

Daba exactamente igual que fuera invierno, verano, primavera u otoño. Tenían todos sus días plagados de quehaceres para ellos mismos, para los demás y para compartir. ***¡Era alucinante!***

Clases de baile, partida de cartas, paseos por la playa, reuniones para contar anécdotas y chistes, clases de yoga y meditación, salidas nocturnas, etc. Entre todas estas actividades, cada uno de ellos atendía su salud comiendo bien, cuidándose mucho, con los chequeos necesarios, pero eso era pura rutina de ITV como los coches, **así lo expresaban ellos entre risas**.

Cuando alguno tenía que ir al médico comentaban alegremente: **¡Mañana paso revisión, a ver si llego al año que viene!***- y todos se reían disfrutando su momento presente.*

La verdad es que es increíble poder disfrutar con gente así.

La historia fue que coincidí con ellos un verano por mediación de una amiga mía. Ella veraneaba en la playa y solíamos quedar a menudo, me gustaba mucho ir a divertirme con ella. Allí fue donde los conocí. Estar con ellos era no parar de reírme durante horas.

Un dato importante a destacar es la edad de estas personas, el más joven tenía entonces 72 años y la mayor era una señora que iba en silla de ruedas a todas partes, su edad 83 años.

Se llamaban abuelos unos a otros con un cariño que yo me volvía loca de amor de escuchar esas palabras, lo hacían con mucho respeto, pues entre todos habían creado una sinergia especialmente auténtica.

Cada uno vivía en una ciudad diferente, eran de Madrid, Galicia, Albacete y Alicante, pero su lugar de verano sí era el mismo para todos.

El resto del año, los que estaban más cerca se visitaban y los que no, esperaban el próximo verano para volver a reencontrarse y abrazarse con el amor que les caracterizaba.

Todos y cada uno de ellos vivían solos. Algunos tenían hijos, otros eran solteros, algunos eran viudos y otros habían experimentado tragedias con pérdidas de seres muy queridos menores que ellos.

Tenían auténticas y grandes historias de vida. A todos les había revolcado la vida en más de una ocasión de forma violenta, pero allí estaban ellos compartiendo sus experiencias con todos, llenado cada minuto de su maravillosa vida de alegría y plenitud, permitiéndonos a los demás disfrutar con ellos.

¡Cuántos años de sabiduría y experiencias había en aquel círculo de personas!

Muchos, muchísimos...

Hay algo común en todos nosotros y es que somos humanos. Pero todos tenemos nuestras diferencias. Una de las más importantes es la actitud con la que enfrentamos a las diferentes situaciones en la vida.

Estas personas se han enfrentado a pesar de las adversidades, han construido una nueva vida en soledad compartiéndola, han superado momentos muy tristes anteponiendo su felicidad y su júbilo, llegando a la comprensión de que **su vida es lo primero**.

Actualmente, son sus propios hijos los que a veces no entienden cómo tienen esa vitalidad.

Me siento muy afortunada de conocerlos a todos y tenerlos en mi vida. Sus enseñanzas son un gran legado para todos.

A pesar de que nos hayamos creído lo contrario, la soledad forma parte de este camino, es necesaria para adentrarse en uno mismo.

Si has pasado tus duelos y quieres restablecer tu vida desde el punto donde estás, empieza hoy viviendo para ti, estando bien para ti, en el camino encontrarás persona maravillosas que te pueden ayudar a recordarte lo mejor de ti.

Tu trabajo contigo es elegir en todo momento todo cuanto quieres, acercarás a ti esas personas que deseas con la vibración en la que te encuentres. Todo es energía en movimiento preparada para ser renovada, es inevitable cambiar constantemente.

Conforme añadas experiencias en a tu vida, irás aumentando tu conocimiento, tu capacidad y comprensión, pero no sabes la verdad de tu expansión si no la pones en práctica. Al permitirte abrir tus puertas a conocer personas nuevas, te muestras inconscientes en esencia y naturalidad de la persona que eres hoy día.

Ese crecimiento diario, aunque no te des cuenta, está ahí…

Estas personas nuevas, que te acaban de conocer, te hablarán de cosas que tan solo sabes tú en tu interior, a través de tus expresiones, palabras y gestos ven la esencia que llevas dentro. Ellas no conocen tu pasado, solo conocen lo que tú les dejas ver de la persona que eres ahora.

Es ahí donde puedes contemplar esa evolución en ti misma/o. Ellos no saben de dónde vienes, a no ser que tú se lo cuentes, solo entienden lo que ven y lo que les transmites al hablar.

Para avanzar en experiencias, el pasado tiene que morir, no digo que lo borres, sí que lo entierres con el trabajo y duelo realizado. Más adelante, podrás contar la historia desde otro estado emocional, por

esos entonces habrás vuelto a cambiar. Todo es cíclico.

Por si ha quedado duda de cómo se puede curar el estado de la soledad, comparto estos seis pasos. La dedicación exclusiva de tu vida es tuya, sonríe hasta la saciedad hasta el resto de tus días.

¿Cómo puedes curar la soledad para volver a disfrutar de las relaciones?

- **Permítete abrirte hacia los demás:** Cuando alguien te proponga un plan, salta del sofá y no pienses. Anímate a experimentarlo vence tu pereza aunque te cueste. Romper la rutina amarga te ayuda a crear tu nueva vida. (*Recuerda a los abuelitos de la historia que te he compartido*).

- **Humanízate con la tecnología:** Si no estás puesta/o en la tecnología, empieza hoy, nadie ha nacido aprendido, se aprende por el camino. Haz fácil lo difícil, aunque te equivoques. Usa lo más práctico, pregunta a tus amistades, investiga tú sola/o. Hay mucha gente como tú que tampoco sabe y no pasa nada. ¡Atrévete a buscar grupos de personas de tu ciudad para cualquier actividad! Hay muchas personas deseando conocerte. Sé cuidadosa/o, se trata de pasarlo bien.

- **Viejas amistades:** ¿Llevas tiempo sin hablar con esa persona que ronda tu mente, un amigo del pasado que hace años que no lo ves? Llámale, ahora, suelta el libro y llámale. Ni lo pienses.

- **Momentos débiles:** Si en algún momento consideras que tienes que parar tu nuevo ritmo, hazlo. Si quieres llorar, llora, si quieres gritar, grita, permítete hacer lo que te plazca y luego continúas. Los momentos de debilidad se deben atender, te llevan al pasado, te hacen sentirte culpable, pero todo eso es una programación mental falsa que tú te has creado inconscientemente. Eres maravillosa/o y no le haces daño a nadie cuidándote, mimándote y amándote como te mereces. No digo que sea fácil, solo digo que es mejor hacerlo que quedarse esperando a ver qué pasa. *Recuerda que la vida pasa y no espera.*

- **Oblígate a vivir:** Soltar la resignación del pasado requiere su tiempo, pero hundirse en él es matar todas tus bendiciones de grandeza. Si estás aquí es por algo, por lo tanto, no te permitas caer de nuevo. Ya no eres tu pasado, eres una persona diferente con un grado de consciencia más gracias a tu experiencia.

- **Sal a la calle todos los días:** Vivas en el lugar que vivas, sal todos los días, respira tu libertad, entrena a tu mente para tu propio beneficio. Restablece una nueva rutina, haz deporte, vive.

Estar sola/o es un regalo más que te ofrece la vida, aunque no se pueda ver, si se puede sentir. No tienes que dar explicaciones a nadie, pueden entrar y salir siempre que quieras, puedes viajar donde quieras, te da la oportunidad de conocerte más a ti misma/o, y algo muy importante es que te das cuenta en realidad de qué tipo de persona quieres a tu lado. Si has tenido una experiencia así, sabrás perfectamente de lo que te hablo.

Las buenas acciones te hace conocer gente nueva, empieza por conocerte y darte lo primero a ti, más adelante se lo podrás dar a los demás.

El presente determina la persona que eres hoy con todas tus experiencias, no importa lo que hayas vivido, importa lo que vives a partir de ahora.

De nada sirve estar inmerso eternamente en la soledad si no vas a realizar ningún esfuerzo para salir de ella, todo cuando necesitas para avanzar de cualquier oscuridad lo puedes encontrar preguntándotelo a ti misma/o. Esperar a que la contestación llegue del exterior es volver a vivir lo que ya sabes, todas las mentiras a las que te ha estado limitando tu entorno.

Rompe tus promesas de infelicidad alcanzando la gloria que realmente te mereces, agradeciéndole a esa soledad todo cuanto te ha enseñado.

Mírale a la cara y dile que ya no la necesitas, que has aprendido todo cuanto necesitabas para soltarla para siempre.

La sinceridad y honestidad con la que te trates te traerá nuevas visiones a través de la fuerza con la que vas a salir a respirar tu nueva vida.

Dile adiós para siempre e inicia travesía hacia la gloria que sientes, ella te está esperando.

Quizás no estás en el mejor entorno para empezar de cero, puede cambiar tu visión ya que solo tú contienes las llaves para abrir esa puerta y el candado para cerrarla para siempre echando la llave al océano más profundo.

Otra de las llaves que contienes es la de la puerta de oro, no te conformes con una de plata ni de bronce, la principal llave que tienes contigo es la llave que abrirá tu puerta de oro, tras ella está preparada, para recibirte, la palabra más potente que hoy necesitas escuchar.

¿Estás preparada/o para abrir esa puerta?

Vamos a realizar una práctica muy sencilla y rápida.

- Ponte la mano en el corazón.
- Respira tres veces.
- Cierra los ojos y...
- Atraviesa esa puerta.

Recuerda la llave está contigo la llevas dentro de ti...

¿Qué palabra es la primera que te ha llegado?

Anótala aquí:

Aquí está tu contestación, **tu palabra**, la que te llevará a la gloria a partir de ahora.

Cuando tienes fe en ti cualquier cosa que te propongas la puedes conseguir. Proponte a partir de hoy pequeñas metas con todo lo que aquí te he compartido y añade nuevos ejercicios de creatividad a tu vida.

¿Sabías que el ser humano es creativo por naturaleza?

Bueno, también es perezoso, por la misma naturaleza aunque los resultados de la pereza son de la era pasada.

Si quieres continuar en el sofá postergando tu vida estás en tu derecho.

La era actual no espera a que lo decidas, sigue avanzando a pasos de gigante en tecnología ciencia y desarrollo personal. Cuanto antes tomes la decisión de abandonar lo que tanto tiempo llevas haciendo que te tiene estancada/o en tu carrera de velocidad, antes empezarás a correr la carrera de resistencia, conocimiento y sabiduría que tiene preparado para ti esta nueva era.

Hay mucho por aprender todos los días, los pequeños pasos son grandes avances.

No quiero interceder en los planes de nadie, pero hace ya años me di cuenta de que todo conocimiento trae su práctica después y si no te actualizas en la vida, te quedas atrás y dejas de ser atractiva/o para todos, incluido para ti misma/o.

Saca tu atractivo a pasear y empápate de la excelencia de la vida por ti, porque te lo mereces.

Por cierto, *¿sabías que está de moda leer?*

Hay muchos foros abiertos que invitan a las personas a compartir lecturas y comentar sus contenidos. Hay jóvenes con mucho talento compartiendo sus enseñanzas.

Es una manera nueva de conocer personas, además aquella o aquel que lee está considerada/o una o un crack.

Si estás leyendo esto, no te va resultar nada complicado entrar en este nuevo círculo de personas maravillosas y brillantes.

Son gente muy genuina, demuestran sus talentos con naturalidad ayudándote a que tú hagas lo mismo. No se detienen ante las adversidades, las solucionan y continúan.

Saben que el miedo existe pero lo atraviesan rápidamente, porque lo llevan a la práctica y no postergan ni un segundo.

Han pasado muchas calamidades en su vida desde su infancia, al compartir sus vivencias con todos, lo suelen hacer de una forma muy respetuosa.

Eso fue una de las cosas que más me impactó de este grupo de personas, sus valores y su honestidad con ellos mismos y con los demás. Es por ello que me hice seguidora de ellos y hoy por hoy sigo sus enseñanzas.

Tú también puedes encontrar personas que te inspiren a avanzar, en conocimiento, tecnología, desarrollo personal o lo que tú desees.

Salir de un pozo oscuro siempre te lleva a tu gloria, recuerda que ya tienes tu llave de tu puerta de oro y tu palabra grandiosa.

¿Sabes cuál es la mía? Te la comparto al final del libro.

¿Has visto ya cuál es?

Seguramente tu instinto te habrá llevado a mirarlo ya.

¿Me equivoco?

¿Sabes por qué lo sé? Porque las personas quieren las cosas para ya, **no saben esperar**, es por ello que todo se repite.

Si quieres un cambio, cambia tú.
Ten paciencia y espera.

Por cierto, la palabra no está puesta al final del libro.

Mi palabra es: SÍ

Capítulo 12

Despliega tu Potencial

Despliega tu potencial

En la más profunda de las oscuridades, en los momentos más cruciales de la vida, existe la oportunidad de descubrir el arte que llevas dentro. Muchas personas descubren su potencial en ese abandono o rendición de la fuerza, ahí es donde se despliega todo su poder.

La imagen que tienes de ti misma/o define los límites de tu comportamiento y de tus acciones y es el principal factor que explica los resultados obtenidos. El concepto de autoimagen es capaz de explicar por qué el pensamiento positivo no siempre da los resultados esperados como método de cambio. Y por qué la fuerza de voluntad es muy difícil mantenerla cuando ésta no está en consonancia con la propia autoimagen.

Si la imagen que tienes de ti misma/o es la de víctima de las circunstancias, eso se verá reflejado en cualquier acto que realices.

Si de lo contrario tu autoimagen es la de una persona positiva y capaz, tu propio poder creador se encargará de ver reflejado tus resultados en tu vida.

Cuando cambias la imagen que tienes de ti misma/o, no solo podrás cambiar algunos aspectos que tienes respecto a tu imagen y personalidad, sino que además podrás ampliar los límites de posibilidades de tus acciones.

A través de algunas técnicas de entrenamiento mental puedes aprender a modificar y crear una autoimagen fuerte, positiva y productiva que te ayude a conseguir tu propósito.

¿Te gustaría saber por qué la autoimagen es el factor principal de la personalidad y el comportamiento de una persona y cómo cambiarla?

El poder de la autoimagen, *¿sabes cómo se forma? ¿Por qué es tan difícil de cambiar a nivel consciente? ¿Existen algunas técnicas sencillas para entrenar a la mente a nivel del subconsciente?*

Existen cuatro factores del éxito importantes para trabajar sobre este tema:

1º Una buena autoimagen.

2º Una imagen clara del objetivo que se persigue.

3º Una actitud positiva.

4º Una sensación de bien interior llena de emociones y disfrute.

Resulta curioso que los primeros estudios que se realizaron sobre el poder del autoimagen no fueron por un psicólogo, sino por un cirujano plástico llamado Maxwell Maltz.

Este señor observó con atención la manera tan cambiante en la que sus pacientes lo hacían, tras someterse a operaciones de cirugía plástica, sobre todo en el caso de reconstruir imágenes después de trágicos accidentes y deformaciones de la cara.

Sin embargo, lo que más llamó su atención fue que esto no ocurría en todos los pacientes. Solo en aquellos pacientes en los que la cirugía afectaba su modo de cómo se veían a sí mismos.

Lo que observó fue que el cambio en la personalidad no se debía a la operación de cirugía sino al cambio de cómo se percibían a sí mismos, es decir, a su autoimagen.

Esto hoy por hoy nos puede resultar muy normal escucharlo, pero estos estudios se realizaron en los años 50 y causó una gran sorpresa.

Es formidable que desde entonces, alguien, en este caso este señor Maxwell Haltz, pudiera transmitir este conocimiento tan importante, tan presente y tan poco valorado hoy día. Afortunadamente lo dejó escrito en su libro:

Psico-cibernética del griego psico (actividad mental) y cibernética (mecanismo o conductor).

¿Por qué es tan difícil cambiar la autoimagen voluntariamente?

La autoimagen es la imagen o representación mental que obtienes de ti misma/o con resistencias al cambio. En inglés tiene una palabra muy usual actualmente: *self-image.*

La dificultad de cambiar la autoimagen voluntariamente se debe a que se va formando de forma subconsciente, a través de las experiencias de los años de tu vida.

Las emociones que llevan esas experiencias y la interpretación que hacemos de las mismas son el resultado de la propia autoimagen que tienes de ti misma/o.

Las dificultades se suman cuando en tu autoimagen crees que no tienes experiencias acumuladas de éxitos con emociones desbordantes físicamente, o ningún tipo de experiencias para recordar.

Tengo una muy buena noticia para ti, algo que te va a gustar mucho.

Nuestro sistema nervioso no distingue entre una experiencia real vivida a través de los sentidos y una experiencia imaginaria, construida a través de la imaginación y creatividad de nuestra mente. Este es el poder de la imaginación y los pensamientos.

Evidentemente tú si puedes distinguir ambas experiencias con todos sus detalles, pero es necesario para realizar el cambio de la propia autoimagen entender esto muy bien.

Tus células y tu sistema nervioso no distinguen una experiencia real de una imaginada. Las señales electroquímicas que reciben son exactamente iguales. Ahí radica la palanca de cambios que tienes que manejar perfectamente para realizar ese cambio de marcha. Es donde pones en funcionamiento tu poder creador, constructor y modificador más elevado para poder crear tu propósito de vida acorde a la autoimagen que realmente sueñas sentir.

Es interesante profundizar en este concepto de la autoestima, cambiando la visión del concepto que se ha tenido hasta ahora.

Muchas palabras que se necesitan para una transformación personal y evolución, anteriormente se han malgastado y generalizado sin poner un ejemplo claro en la vida de las personas.

La teoría que aparece en los libros también se tiene que actualizar, aportando el contenido oportuno para el entendimiento de cada cosa en su momento presente.

La evolución y velocidad del nuevo siglo aceleran nuestro paso y nos lo traen con la experiencia e interés que en este caso el lector o la lectora necesita.

Mi mejor experiencia vivida ha sido traer al presente toda la teoría aprendida que he querido recordar y pasarla a la práctica, con todos sus componentes e ingredientes.

Aquí es donde realmente te das cuenta de qué guiso te gusta más, cual es el que más kilos te hace coger y con cuál de ellos puedes adelgazar y enriquecerte de forma progresiva.

A lo largo de toda la saga comparto mis aprendizajes desde esta visión.

Pero sin perder la visión... vamos a retomar y profundizar en la autoimagen de forma actual.

Presta mucha atención, pues detrás de la teoría, siempre habrá una práctica para ti.

La autoimagen es uno de los factores principales del éxito. Está integrada por distintos aspectos que pueden ser modificados o no, en distinto grado mediante un esfuerzo voluntario, aunque si hacemos palanca en alguno de estos aspectos podemos mover el conjunto.

Tiene varios componentes, conocidos socialmente:

Autoestima: Es la valoración que haces de ti misma/o independientemente de las circunstancias externas. Es una característica interna de la autoimagen y probablemente la más complicada de modificar ya que requiere mucho esfuerzo voluntario.

Autoconfianza: Es la seguridad que tenemos en nosotros mismos y se construye a través de las experiencias de éxito que vamos acumulando. Es un factor externo.

Creencias personales: Es lo que creemos de nosotros mismos, las creencias van relacionadas con el tipo de personas que nos creemos que somos. El respeto hacia ti misma/o es el reconocimiento y la consideración con el que te tratas a ti misma/o.

Aceptación de uno mismo: Es la aceptación y aprobación que una persona se da a sí misma.

Autodeterminación: Nos da visibilidad para permitirnos observar si nos hemos definido a nosotros mismos o lo hemos hecho con los objetivos definidos de otra persona.

Autoeficacia: Es la capacidad que tenemos de gestionar nuestras circunstancias obteniendo los resultados esperados.

Autocontrol: Es la capacidad para actuar según la capacidad de nuestra propia voluntad interior.

Diálogo interno: Esto es algo que nos incomoda a todos. Son las propias palabras y cosas que nos decimos a nosotros mismos mientras actuamos. Son los cuentos que nos contamos. *¿Cómo dejar de escuchar tantas voces unidas?* Es puro entrenamiento de la unión de un todo.

Todos los componente indicados, están interrelacionados con el concepto de la autoestima. Cada uno necesita una atención diferente, un esfuerzo e implicación de diferente grado.

Por ejemplo, el diálogo interno y la autoconfianza sí se pueden modificar en mayor o menor medida externamente, mediante acciones de esfuerzo voluntario.

En cambio, otro de estos componentes o factores determinantes, como la autoestima, considerado el principal factor interno, es difícil modificarla por esfuerzo o trabajo voluntario, por lo que es necesario acceder a ellos mediante el subconsciente.

Es ahí donde entra el juego del entrenamiento mental, un juego que tiene muchos más beneficios que perjuicios, un juego que si no lo conoces no puedes hablar de él.

El ser humano por naturaleza habla de las cosas sin saberlas, utilizando el conocimiento del otro que se lo ha contado. Esto forma parte del entrenamiento pues a nivel inconsciente solemos actuar así.

Hay un trabajo muy potente y beneficioso para todos al sumergirnos en este entrenamiento mental.

Los jugadores de futbol realizan el suyo propio, los atletas de élite también entran en este esfuerzo mental, tenistas, actores, cantantes, todos juegan a este precioso y fascinante juego. ¿Y sabes para qué?

Son ganadores y juegan para seguir ganando siempre. El entrenamiento les ha hecho creer que pueden lograr todo cuanto su mente cree. Elevan su autoestima a un nivel tan alto que es imposible volver a su estado de inicio una vez iniciado el juego.

No sé si en algún momento habrás escuchado hablar de este tipo de entrenamiento, pero puedo asegurarte que nada es lo que parece y que hay mucha mentira y control en el sistema para que dejemos de hacer cosas que nos llevan a un nivel superior de consciencia física, emocional psicológica.

Lo que ocurre en esta sociedad es que no pueden contar la verdad de lo que sucede por la sencilla razón que nolo saben ni ellos mismos. Están inmersos en pequeñeces de poder superficial enredados en egoísmos que solo destruyen pasen por donde pasen. Es totalmente respetable, pueden seguir haciéndolo, pero las personas tienen el derecho de mirar hacia otros lugares donde el sol brilla de verdad, sin tener que ponerse un disfraz para aparentar quienes son en realidad.

Sin perder el hilo de lo que realmente acontece lo importante... se dicen que nada alimenta más al éxito que la propia experiencia del éxito. Métete en la piel del personaje que estás creando.

Te voy a revelar algo que te va a gustar...

- **Es una práctica rápida** que esta misma noche podrás realizar si así lo decides.

Aprovecha unos minutos hoy, justo antes de que te quedes dormida/o, para experimentar la experiencia de imaginar en tu mente con todo lujo de detalles cómo quieres que se acontezca el nuevo día.

Imagínate estar en la butaca de un cine o un teatro, el teatro de la mente, imagina estas sentada/o cómodamente, contemplando cómo se desarrolla una escena con total facilidad. No escatimes los detalles, ponle luz, colores, elementos, música, añade más actores a la escena que estás creando, ponle voz a cada actor, tú eres el guionista, director, actor principal y tu mejor audiencia.

Cuando estés satisfecho con el resultado, entra en escena. Métete en la piel de tu personaje y siente cómo resulta cuando las cosas salen a la perfección.

Pero si quieres profundizar más, te invito que vaya a tu realidad.

Me explico...

Lo interesante es que sabiendo lo que tienes que realizar al día siguiente, a nivel laboral, personal, social, etc., te mentas en la situación visualizándolo todo.

El cómo vas a ir vestida/a, las personas que te van a acompañar, la hora a la que tienes o quieres realizar algo concreto, incluso es más... visualízate acudiendo a esos lugares, siente los pasos al caminar, la actitud y las emociones que te acompañan, etc. todo, manifiéstalo todo en tu sueño.

¡¡¡Juega a crear tu día de mañana!!!

Todo el énfasis, emoción y grado de credibilidad que añadas a tu creación irá aumentando conforme realices este sueño todas las noches.

Realiza esto todas las noches y sentirás cómo la sensación de éxito se irá integrando cada vez más y más en ti. Al experimentar el éxito por anticipado, verás cómo tu cuerpo sabe repetirlo después cuando lo llevas a la práctica física.

Prueba durante 21 días, que es el tiempo necesario para generar un hábito en nuestro sistema neuronal. Si consigues superarlo, luego lo harás de forma automática.

NO ME CREAS A MÍ, CREE EN TI Y JUEGA

Recuerda: Haz fácil lo difícil.

Hay una cosa muy divertida que experimenté cuando inicié este hábito, me impactó mucho...

Y fue que... cuando imaginas lo que tienes que realizar, sintiendo tus pasos, tu propia respiración, tu estado de relajación y experimentas al día siguiente físicamente esta situación, yo personalmente me quedaba impactada, súper sorprendida de sentir lo mismo que había sentido en mi creación la noche anterior antes de dormir. ¡¡Era alucinante sentir eso!!

Como la experiencia es la madre de la ciencia, lo único que puedo recomendarte es que lo vivas y lo experimentes cuando quieras, puedas y te apetezca. Solo experiméntalo, entenderás lo que te cuento. Te animo a que lo hagas.

Si quieres puedes contarme tu experiencia o compartirla en las redes sociales. Puedes hacerte una foto con este libro, de esa forma podemos seguir ayudando a otras personas a generar nuevos cambios en su vida.

Las semillas que siembras se transforman en las cosechas que piensas. Sembrar amor es recoger amor multiplicado.

He creado esta saga para ayudar a las personas a amarse de verdad, tal cual vinieron a ser, descubriendo su potencial interno, expandiendo sus maravillosas semillas.

Al final del libro tienes la forma de contactar conmigo, te puedo ayudar a despertar tu potencial.

Continuamos...

Hay algo importante que no podemos dejar seguir pasando por alto a la hora de escuchar nuestro propio **diálogo interno.**

Aquí te dejo otra práctica más sobre este tema para que la realices hoy mismo. Te ayudará a modificar tu diálogo interno.

Este ejercicio será para realizarlo durante un día. Presta atención porque de verdad que te interesa.

El diálogo interno no cesa nunca, es algo que ya sabes.

- Durante el día de hoy presta atención a la conversación que tienes contigo misma/o.
- Anota en una hoja todas esas cosas que te repites y te dices constantemente.
- Una vez que tengas las cosas que te repites a diario, imagina que se las tienes que comunicar a un amigo. ¿Se las dirías igual?
- Imagina que tienes esa reunión con ese amigo, ese amigo eres tú misma/o. Préstate atención a tu diálogo y cuida tu palabra contigo. Ponle freno a las palabras que no quieres volver a repetir nunca más. Pídele perdón a tu mejor amiga/o que eres tú misma/o. Haz las paces contigo y vuelve a contarte lo mismo con otras palabras.
- Repite este ejercicio a diario y tu confianza en ti misma/o aumentará. Crea tu propia abundancia.

Recuerda que tu mejor amiga/o, compañera/o de camino y el amor de vida, ERES tú misma/o. Tu éxito también forma parte del cómo te trates a ti.

El éxito está en ti, en tu camino que quieras elegir.

El éxito y el fracaso se utilizan con frecuencia al mismo tiempo. Parece que solo tengamos dos opciones en la vida, triunfar o fracasar. Hay mucho más que esto, para eso hay que transitar el camino con fuerza y deseo de vivirlo todo.

Hasta los propios empresarios tienen miedo de fracasar, pero se lanzan, arriesgan y así es como realmente se puede ganar. Durante el trayecto existen muchos factores que se tienen que aprender, integrar, teórica y físicamente. Cuanto antes empieces antes lograrás tu éxito. Aquí estas para destapar todo ese potencial infinito que guardas dentro y hay que buscar la manera de hacerlo brillar.

Hay dos conceptos que invaden nuestra mente en cualquier área y son que si triunfamos en lo que queremos, ya somos exitosos pero si de lo contrario nos salió mal, somos unos fracasados. Afortunadamente esto no es verdad. Estos dos resultados no son contundentes.

Existen varias fórmulas para transformar el fracaso en tu mejor ventaja, es algo que no nos han contado nunca, al experimentarlas es cuando podemos hablar de ellas, con ejemplos para ponernos en situación.

Hace un tiempo leí sobre esto que te voy a compartir ahora, son enseñanzas de personas que han triunfado después de obtener muchos fracasos en su vida. Han desplegado su potencial tan alto que siguen respetando el miedo pero no se detienen ante él.

La lectura y práctica de todo cuanto aprendemos a diario es lo que nos lleva a experimentar el primer fracaso, leer te lleva a crecer de forma abismal dándote cuenta del resultado disfrutando su recorrido.

Todos los mentores con los que he aprendido hasta el día de hoy lo practican y es algo que les agradezco enormemente que me hayan inculcado, con la repetición diaria de recordármelo.

Todos tienen la oportunidad de detenerse ante el miedo o que el fracaso se convierta en su mayor ventaja.

Desgraciadamente muchas personas dejan que el miedo al fracaso los retenga, esa es una de las cosas por las que no triunfan en la vida.

¿Se puede transformar el fracaso en la mejor opción hacia el éxito?

Está comprobado que sí se puede, solo hay que tomar conciencia de cuántas veces ya lo has conseguido en tu vida y no te has dado cuenta.

Opción 1: Una de las opciones es usar las emociones del fracaso para hacerte más fuerte.

Aparentemente, desde fuera, el fracaso te hace pensar que no lograste nada, empleaste muchas horas de trabajo y esfuerzo en un objetivo y no te sirvió para nada en absoluto. Sin embargo, cuando miramos dentro de nosotros, el resultado obtenido puede darnos una nueva perspectiva sobre el fracaso. A través de nuestra vida, aprendemos sobre los ingredientes para tener éxito, estrategias y confianza en nosotros mismos.

El camino al carácter escrito por David Brooks, dice:

"Vivimos en una cultura que nos enseña a promover y dominar las habilidades requeridas para el éxito, pero queda poco estímulo para la humildad, la simpatía y la honesta confrontación, las cuales son necesarias para construir el carácter".

David Brooks añade que los líderes notables necesitaron hacerles frente a los problemas internos para poder subir a la cimas del carácter. Solo las duras lecciones del fracaso les ayudaron a entender sus limitaciones y hacerse más fuertes por ella.

La autocontención ante cualquier derrota nos enseña a poder contemplar el fracaso de forma diferente, allanado el terreno desde la comprensión para una causa mayor ante el siguiente obstáculo. Es por ello que debemos reflexionar cuando atravesemos momentos difíciles. Eso nos da la oportunidad a comprender a las personas que nos rodean y a conocernos a nosotros un poquito más.

Opción 2. Reencuadra el fracaso para motivarte a ti misma/o.

En psicología hay un término que se llama reexaminación cognitiva, es una forma de cambiar nuestras emociones ante una situación estresante. Cuando regulamos las emociones negativas, estamos más capacitados para enfrentar los eventos difíciles pudiendo reducir los sentimientos. De esa forma podemos evitar una depresión.

Un ejemplo de esto podría ser cuando eres rechazada/o en una entrevista de trabajo o una propuesta de cliente. La primera respuesta que podemos recibir es la tristeza o la confusión, a pesar de no manifestar el estado, puedes llegar a pensar que se te detiene la vida. Pero si reflexionas lo sucedido puedes encontrar otras respuestas, como que ha sido una prueba o experimento para mejorar tu propuesta o para buscar trabajo en otra dirección. Esa positividad es la que te empuja a ver la vida desde otra visión, sin necesidad de contárselo a nadie.

> *El éxito no es definitivo, el fracaso no es fatal. Es el coraje para continuar lo que cuenta.*
> **Winston Churchill**

En lugar de observar el fracaso como el final del camino, cambia la percepción observándolo como una parte inevitable de la mejora hacia ti misma/o. Tal vez eso que querías no era lo que en realidad encajaba para ti. Agradece que el fracaso te abra a ver oportunidades mejores. Son las pequeñas señales que nos hablan y nos van apareciendo en nuestra vida.

Opción 3. Considera que el fracaso es como una lección.

Muchas personas tienen la tendencia de evitar el fracaso, barriendo su miedo debajo de una alfombra. Si esto se realiza, tarde o temprano se manifestará por otro lado.

Por lo tanto, prestar atención a los pequeños errores, puede evitar fracasos mayores.

Un fracaso o señal evidente de fracaso que todos hemos experimentado alguna vez es descartar las ideas de una persona, y no prestarle atención puede conducirte a un estado mediocre. No ignores el feed back de los demás, puede ayudarte a contemplar otra visión.

Si de lo contrario no los escuchas, posiblemente harán lo mismo contigo. Eso puede crear una cultura de desconfianza, falta de comunicación, lo que conduce a un ambiente tóxico.

¿Cómo se pueden detener los comportamientos poco saludables en curso? Una opción sería abrirse al fracaso.

En lugar de evitar la culpa y que hubo fracaso, reconoce que te has equivocado y busca la forma de solucionarlo, permite que te ayuden a darte nuevas opciones.

¿Qué puedes sacar de estas experiencias? ¿Qué puedes aprender para la próxima vez?

Si empiezas a observar los fracasos positivamente podrás empezar a moverte en la dirección correcta, cada vez te será más sencillo avanzar sobre ellos.

Préstales la atención necesaria y después continúa.

Opción 4. Aplica las habilidades de tu anterior fracaso.

Llegar temprano, trabajar duro y ser el último en salir del trabajo no garantizan para nada obtener los resultados que deseas. Es duro expresarlo, pero es así.

A veces, querer realmente algo no significa que lo vayas a conseguir.

Una vez me contaron una historia sobre un chico que quería practicar hockey sobre hielo profesionalmente, para él era su sueño. Desde niño se despertaba muy pronto y salía a practicar a pesar de las adversidades del frío. Cuando entró en la universidad se unió a la mayor liga de hockey. El tiempo consumió su vida. Sus amigos eran todos el equipo de hockey y sus días se los pasaba entrenando o en la carretera para asistir a diferentes lugares para jugar un partido. Al llegar al último año en la universidad, este chico renunció. Se había dado cuenta de que no era lo suficientemente bueno para ser profesional, por mucho que le doliera, fue honesto con él mismo y dejó.

El fracaso duele, sobre todo cuando pones años de tu vida en él, ves todo el esfuerzo que has realizado, las horas que has invertido y la salud que has depositado en él.

Pero... si lo canalizas sabiamente, todas esas habilidades que has aprendido durante el fracaso puedes aplicarlas a algo más.

Quizá el chico que quería jugar al hockey no pudo aplicar sus habilidades en su nuevo trabajo, pero quizás sí pudo aplicar esos mismos principios de disciplina que se requieren para trabajar en equipo, administrar y gestionar el tiempo y crecer personal y profesionalmente en la escuela de negocios que fue donde se desarrolló finalmente, convirtiéndose en un emprendedor.

Cuando emprendemos cualquier acción para obtener un resultado y llegar a la meta, sea cual sea el trabajo a realizar, es el camino el que te enseñará las habilidades y destrezas para llegar con mejor esto físico y emocional a tu destino.

Recordar parte de nuestro camino y reflexionar sobre esto es una buena opción para darnos cuenta de dónde hemos fallado, dónde nos hemos resistido y dónde hemos aprendido la lección.

Estamos finalizando ya la travesía, aunque todavía falta algo por revelar.

¿Recuerdas la IDEA BRILLANTE de la que te hablé en el capítulo 7? Sigue leyendo hasta el final.

Deseo que a partir de ahora puedas aumentar tu conciencia con más habilidad y sigas con tu evolución a un ritmo más ligero y rápido.

Nos vemos en el capítulo final de la saga Ser Feliz.

Capítulo 13

Valientes de Corazón y Mente

Valientes de Corazón y Mente

A lo largo de la travesía de este libro he querido compartir contigo, querida/o lector/a todas las experiencias que he vivido durante la creación de la saga Ser Feliz.

Ya sabemos que nos expandimos y crecemos cuando nos ponemos en movimiento.

Igual, cuando iniciaste la lectura de este libro no pensabas que el contenido iba a ser de este tipo o puede que no tuvieras ninguna expectativa y te has dejado llevar abierta/o a la experiencia.

Antes de finalizar quiero regalarte esta historia, es un resumen de todos los capítulos de este libro para que puedas percibir todo el contenido desde otra visión más general.

Ya has iniciado tu despertar…

El nuevo amanecer te lleva siempre de la mano a encontrar el sentido de tu nacimiento, con todas las piedras y montañas de arena que te vas encontrando por el camino.

Todos los días te prometes cosas a ti misma/o que quizás no llegas a cumplir por los miedos que te ocasiona o el esfuerzo que conlleva realizar eso que has pensado. No importa, tu deber es continuar.

Con el nuevo amanecer también recibes golpes físicos, te caes, te resbalas, te empujan, etc., y golpes emocionales, enfrentándote a situaciones y personas tal cual tiene estipuladas la sociedad, te niegas hasta la saciedad creyendo que eso es lo que te mereces porque así lo impone la sociedad, pero tú sabes que no es verdad. Respiras y continúas.

Tus preguntas no dejan de transitar del porqué siempre sale todo te mal. De pronto aparece un rayo de esperanza que cambia tu pensamiento, cambia tu pregunta y te enfocas desde otro lugar. Sigues creyendo que no puedes, pero avanzas sin cesar.

Hasta que un buen día te levantas con la energía pura del alma con la convicción de tu verdad, mostrándole tu mejor versión a la vida, dejándote en paz, expresándote de corazón. Ese es el momento en el que empiezas a cumplir lo que te prometiste.

Empiezas de cero, atravesando el sufrimiento, el dolor, la angustia, tristeza, etc., pero esta vez desde otra conciencia, con todo ese dolor progresas, dejando salir tu esencia, dejando atrás situaciones y personas que debes apartar de tu vida. Aquí inicias el camino del héroe.

A pesar de comprender que nuestro mundo es un mundo de locos, continúas la travesía.

Tarde o temprano la vida te volverá a llamar y volverá a preguntarte: **¿Vas en serio?** A lo que tú le contestarás: **SÍ.**

Aquí empiezas a SER el protagonista de tu vida, de tu historia, de tu creación. Pones en práctica todo cuanto has aprendido prosiguiendo con nuevas enseñanzas.

Trazas tu plan, estableces un orden, limpias espacios y creces en expansión.

Todo es experiencias en la vida, hagamos lo que hagamos.

Paulo Coelho expresaba en su magnífica obra El Alquimista:

"Cuando más se aproxima uno al sueño, más se va convirtiendo la leyenda personal en la verdadera razón de vivir".

Una de las frases que más impactaron dentro de mí de este autor fue:

"Cuando algo se desea desde lo más profundo del alma, el universo entero conspira para que se haga realidad".

Desde mi propia experiencia puedo corroborar que es cierto. Por ello te invito a que tú lo experimentes con todas las herramientas, recursos y técnicas que te comparto y las que lleguen a tu vida por cualquier vía.

Prosigo con la historia…

A través de esa luz que te impulsa de dentro, descubres la grandeza y magnificencia que te acompaña y te ha acompañado siempre. Tus ojos ya contemplan otra visión.

Es la visión del infinito con todas sus señales, lo que los ojos de la mente pueden llegar a ver y a imaginar.

Es muy probable que sigas resistiéndote a las oportunidades, puede que te creas que tiene contraindicaciones. Tranquila/o. Continúa.

Acepta y comprométete contigo, sé perseverante, activa la comprensión, pues los inconvenientes van a seguir apareciendo durante en tu travesía. Aunque tu mente todavía no lo comprenda, es lo normal.

RECUERDA: Si fuera fácil todo el mundo lo haría, pero la gente no quiere complicaciones, quiere un camino llano, un prado de flores, sin problemas, sin charcos, sin rocas que no les obstaculicen el paso. Todo esto es necesario. Deja de creer en lo que creen los demás.

La vida seguirá con su pregunta: **¿En serio que vas en serio?** Tú volverás a contestarle: **SÍ.**

¿Recuerdas el capítulo anterior donde había que decir la palabra?

Anótala de nuevo:

¿La has escrito ya? 🙂

¡¡¡FELICIDADES!!!
Felicítate por haberlo conseguido y...

Continúa...

Te irán apareciendo grandes potenciadores de diferentes formas para que inicies nuevamente tu conexión con tu interior, con tu SER. Conforme superes obstáculos te irás renovando, te irás estirando y continuarás creciendo.

La música como gran canalizadora y compañera de viaje te deleita con sus enseñanzas, letras, personas y momentos de esencia conduciéndote a tu más deseada soledad, para seguir descubrirte a ti misma/o.

La vida te seguirá dando cuerda para seguir impulsándote, nuevas oportunidades para que empieces a desplegar tu potencial, nuevos recursos y técnicas, potenciando lo aprendido y obteniendo enseñanzas nuevas que tendrás que utilizar, mientras sigas tu camino.

Con toda esta preparación y entrenamiento personal observarás desde el silencio y la paz, todo el valor, fuerza, coraje y valentía que en realidad tienes:

ERES UN AUTÉNTICO VALIENTE DE CORAZÓN Y MENTE, aunque todavía no lo te lo crees.

Las personas necesitamos tiempo para digerir lo que nunca nos han contado.

Todos tenemos la capacidad de SER unos valientes de corazón y mente dispuestos a seguir atravesando etapas en la vida.

Si has llegado hasta aquí, es porque ya estás dispuesta/o a ascender tu vida desde otra visión. Tu evolución empieza a ser consciente en ti.

Dale la BIENVENIDA A TU NUEVA VIDA.

Antes de finalizar la saga queda algo más que aportar a esta intensa travesía...

El valor que no se ve ha existido siempre dentro de cada ser, puede que ese valor lo sientas o puede que no.

Lo que sí es seguro es que lo llevas dentro y solo actuando con fe lo puedes llegar a reconocer, va pegado a tu alma.

Vivir en propósito es seguir la chispa de tu esencia, seguir esa intuición infinita que te empuja a diario a continuar extendiendo ese hilo mágico a través de oportunidades.

Es un hilo conductor unido a tu pasión. Has venido a hacer algo que puede que todavía no sabes qué nombre ponerle.

Es posible que durante esta oportunidad de TU NUEVA VIDA, obtengas un fracaso, *ya sabemos que el fracaso es un estado necesario para impulsarnos al éxito*.

Ese fracaso puede conducirte a renovarte con tu responsabilidad, compromiso y perseverancia para seguir persiguiendo el anhelo de tu verdadera misión.

Tu NUEVA VIDA te mostrará otro camino, aplica todo lo aprendido, pues seguirán apareciendo desafíos.

Todos los engaños producidos a través de las bofetadas que nos da la vida hay que superarlos son el indicador de que vamos por el camino correcto.

Si esto fuera fácil, todo el mundo lo haría, pero ese es el motivo por el que el 99% de la sociedad no cumple con su misión, porque se creen que la vida les está diciendo no cuando en realidad les está diciendo ESPERA.

No hagas lo fácil, HAZLO FÁCIL y continúa superando todos los retos que te encuentres.

El silencio es otro conductor hacia tu sueño. No hables de lo que estás haciendo, hazlo con fuerza, con pasión desatando todos los nudos, por muy apretados que estén.

Reestructurar una vida no se hace de la noche a la mañana. Ten paciencia contigo.

Se necesita el compromiso, entusiasmo, motivación, decisión, perseverancia y mucha disciplina con una/o misma/o, para crear el hábito de sentir, pensar y generar circunstancias que hablen desde el silencio muy alto y en la misma dirección.

¿Me estoy haciendo comprender?

Todos somos uno aunque no todos somos iguales, averiguar quién ERES es un trabajo vital para estructurar el gran puzle que llevamos dentro. La pieza fundamental ERES tú, solo tú puedes enmarcar ese puzle con el mejor marco y exponerlo al mundo.

Sintonízate con la vida, sincronizando cada segundo, minuto y hora que vives en ella.

Aceptar lo que se nos presenta no significa que lo queremos, aceptar es comprender desde un estado, cómodo o incómodo, que es lo que toca vivir en el momento. Todo pasa para algo.

Hay una gran canción de Laura Paussini que me inspiró mucho para contemplar todo el valor que tienen las personas y que no somos capaces de ver.

¿Eres capaz de ver tu propio valor?

¿Sabías que en tu interior existe una fortaleza que es capaz de llevarte allá donde tu decidas?

A través de esta canción pude descubrir la contestación de estas preguntas.

¿Y sabes una cosa?

La vida constantemente te pondrá enfrente estas situaciones adversas haciéndote la misma pregunta, hasta que llegue un momento que quien conteste sea tu corazón.

Todo esto te recordará a tu vieja vida, lee esto ATENTAMENTE...

Todos los porqués que nos hacemos a diario provienen de nuestra mente, todas las preocupaciones que nos generamos nos desequilibran. La desconfianza que sentimos en los demás es nuestra propia desconfianza, siempre creemos que somos los que más sufrimos, que nuestro problema es el más grande y que los demás no importan. En realidad es todo lo contrario, pero nuestra mente nos convence desde el miedo, desde la resistencia y desde la oscuridad. Nos perdemos en nuestros pensamientos de pobreza culpando a la vida de nuestras miserias y fracasos.

¿Has visto lo que sucede cuando miramos lo viejo?

Nuestra vibración baja de forma abismal.

Al contemplar todo esto desde TU NUEVA VIDA, podrás experimentar otras emociones muy diferentes, serán emociones más fuertes con otro sentir. En el progreso encuentras la fuerza.

En todo momento existe una salida BRILLANTE, la cual tenemos que utilizar, para eso nos la dan, para que salgamos de ese charco de barro, sucios pero con fuerza, con pasión con energía a expandir nuestro aroma.

¿Recuerdas la Flor de Loto?

Pues eso, SÉ FLOR DE LOTO, SAL DE TU PANTANO Y EXPANDE TU PERFUME.

Como habrás podido observar, he repetido y seguiré repitiendo y recordando varias palabras, frases y textos a lo largo de toda la saga. Es necesario hacerlo, aunque sientas que es aburrido, el inconsciente aprende a base de repeticiones hasta que un día, sin esperarlo, lo integras en ti de forma natural. Es un entrenamiento mental consciente que siempre hay que alimentar.

Nuestra programación mental la modificamos haciendo lo que nunca hemos hecho para lograr lo que siempre hemos deseado.

Al iniciar un nuevo estado de conciencia ya no puedes parar de entrenar a tu mente, es un reseteo diario que aumenta sin cesar. Poco a poco vas subiendo a otros niveles de conciencia mucho más elevados y ya te dejas de cuestionar empezando a obtener los resultados de una parte de tu siembra.

¡Ojalá nos hubieran contado esto en el colegio!

Por algo no lo hicieron, había que experimentarlo y sentirlo en el momento adecuado. Cada uno vive un proceso diferente y no todos quieren salir del charco de barro.

Todo es una decisión respetable en esta vida.

Si tu decisión es salir de tu pantano, curar tus heridas aplicando todo cuanto se te presente ante ti y expandir tu aroma..., FELICIDADES.

Empezarás a llegar a la comprensión que equivocarte no importa, que las posibilidades se dan para seguir haciendo.

Que las ventanas se cierran porque realmente se tienen que abrir ya las puertas.

Ten la fe de que todo lo que hagas con convicción, te será dado, sé valiente de corazón y mente, une estos concepto a ante cualquier acción que inicies y cuando menos te lo esperes, estarás saltando del trampolín, alcanzando todo lo que te has propuesto.

Haz que tu silencio hable tan alto a través de tu acción, que no necesite el reconocimiento de la gente para seguir expandiendo tu perfume. Te mirarán y te preguntarán cómo lo has hecho, querrán saberlo todo, se interesarán por tus resultados. Algunos te seguirán y te pedirán que les enseñes, otros en cambio te juzgarán hablando a sus anchas. Qué más da lo que los demás digan sobre ti.

Hablar es gratis pero se paga un precio muy alto del contenido, cuando no lo expresas con amor. Evita entrar en esos juegos de distracción y destrucción, ya conoces su resultado.

Tu valor lleva puesto el traje de la pasión envuelto con tanta fuerza, fe y confianza que el día que decidas destaparlo, pensarás:

¿POR QUÉ NO TE HE DESTAPADO ANTES?

Son las reglas del juego de la vida, las cuales nos preparan a destapar los regalos más grandes cuando todavía nos creemos pequeños.

Decidas lo que decidas, REGÁLATE VIDA SIEMPRE.

> *"Es, pues, la fe la certeza de lo que se espera, la convicción de lo que no se ve"*
>
> **Hebreos 11:1.**

Y AHORA...

Voy a revelarte la IDEA BRILLANTE, en realidad es una técnica que me enseñaron y quise transformarla en un juego para seguir jugando con la vida.

La idea me la regaló mi mentora espiritual Josefa Berbel en un trabajo apasionante que realicé en el verano de 2016.

El trabajo se llama "El Abrazo del Cielo".

* Consistía en escribir en tres folios, tres cosas importantes que quería conseguir.

(A veces no conseguimos lo que queremos, sino lo que necesitamos en ese momento).

*A continuación, mezclé los tres folios por la parte en blanco, con los ojos cerrados en silencio y los coloqué en el suelo.

* Una vez colocados los folios en el suelo, me coloqué delante de ellos. La experiencia era dejarse sentir sin saber qué ponía en cada folio. Así lo hice. Me preparé para dejarme sentir.

*Di un paso y me puse encima del primero, sin pensar, solo dejándome llevar por la experiencia.

*Pasados unos minutos, pasé al segundo realizando la misma acción y así hasta el tercer folio.

Cuando terminé, le expresé lo que había sentido en cada uno de ellos.

En el primer folio empecé a temblar de emoción, el segundo folio me causó mucho miedo lo que sentí y el tercero me hizo estar tranquila.

¡Menuda experiencia!

La sorpresa fue que de los tres folios, solo uno me hizo sentirme bien.

¿Qué significaba aquello?

Mi mentora me explicó que aquello que incomoda es lo que realmente tenía que hacer y donde sentí tranquilidad y paz, era en mi zona incomoda de confort. Al salir de la zona cómoda empiezas a sentirte mal. En mi caso sentí miedo y temblé.

Quizás esto que ella me dijo, yo ya lo sabía pero no le había hecho caso. No me lo cuestioné, pero me generó mucha curiosidad y duda.

Con estas pautas que me dio empecé a trabajar sobre lo que yo había escrito en esos folios, llegando a entender que "Sentirte incómoda era una señal".

Pasaron seis meses y volví a repetir la misma experiencia con los mismos folios. Esta vez la experiencia fue muy diferente. *Ya estaba haciendo lo que tenía que hacer.*

Hoy en día sigo entrenándome con este ejercicio y siempre obtengo contestaciones alucinantes para todo lo escribo.

Experiméntalo no te quedes con la duda, parece una tontería pero no lo es, doy fe de ello.

Si decides hacerlo, comprométete a hacer lo que has dicho que vas a hacer en tu folio escrito, de lo contrario no te servirá de nada.

Aquí te resumo los pasos:

- Coge tres folios.
- Escribe tres sensaciones, metas, objetivos, lo que sientas que quieres alcanzar.
- Permítete sentir, colocando tus folios en el suelo boca abajo
- Luego escribe tu experiencia.

Cuando pase un tiempo, vuelve a repetirla y verás lo que sucede.

Ten paciencia contigo, mímate, cuídate sin olvidarte nunca de que eres el amor de vida, nadie te va a amar tanto como tú.

Nunca te canses de hacer cosas, tienes que hacer siempre tu parte en todo, te cueste lo que te cueste, disfrutando siempre de tu bendito camino.

Todas tus experiencias marcarán el ritmo de tu evolución.

Construye tu vida sobre suelo sólido y firme, a pesar de las circunstancias, ya sabes que todo es puro crecimiento, desarrollo y entrenamiento personal.

Deseo de todo corazón que puedas aplicar y avanzar en tu vida con todas las herramientas, técnicas y recursos que he compartido es este libro. Este es mi deseo para ti, por ti y por tu libertad.

Esto tan solo es un hasta luego, sigo ENFOCADA en mi aprendizaje para poder aportar mi granito de amor a la humanidad, es hasta el momento mi legado, sigue creciendo.

Mi por qué son las personas y mi para qué...

Durante años estuve trabajando en un restaurante donde crecí, de dentro hacia fuera y aprendí muchísimos conocimientos, desempeñé mis habilidades y destreza poniéndola al servicio de los demás, a través de mi trabajo de camarera, coordinadora de camareros y coordinadora de eventos. Todo este conjunto de aprendizajes me ayudó a avanzar a pasos de gigante.

Me dedicaba a servir a las personas dándoles mi mejor versión y el mejor servicio, a través de los suculentos platos que se cocinaban en el restaurante. Era extraordinario poder servir a los clientes los platos que con tanto esmero había elegido, me sentía muy feliz haciendo mi trabajo.

Con el paso del tiempo, empecé a sentir que necesitaba más para seguir expandiendo mi conocimiento. Desde muy niña siempre ha había gustado escribir.

Trabajando en este lugar empecé a escribir oficialmente. Aquí fue donde nació el primer libro de esta saga SER FELIZ EN EL TRABAJO DE TU VIDA.

Antes de escribirlo ya se había producido un cambio muy transformador en mí a consecuencia de algo que realicé, en las últimas páginas de este libro podrás comprobar de qué se trata.

Pero continuando con esta acción, te puedo confirmar hoy querido/a lector/a que esto marcó un antes y un después en mi vida.

Ha sido un verdadero honor para mí haber realizado este trabajo y todo lo que emocionalmente conlleva la realización de eventos varios que es en realidad a lo que me dedicaba.

De esta historia nace mi para qué…

Quiero seguir ayudando a las personas a alimentarse, pero esta vez les ayudaré a alimentar su alma con todo mi cariño y desde la comprensión del dar amor hacia los demás.

Deseo seguir coincidiendo contigo en este nuevo amanecer… en TU NUEVA VIDA.

Por ello tan solo puedo decirte hasta luego.

Antes de finalizar...

Quiero felicitarte por haber llegado hasta aquí y por haber avanzado en tu crecimiento personal.

Es hora de practicar toda la teoría, recuerda que no hay aprendizaje si no practicas lo aprendido.

Entrénate a diario, saca a relucir tu valentía y coraje.

ERES UN/A ATÉNTICO/A VALIENTE DE CORAZÓN Y MENTE, no permitas nunca más que te digan lo contrario.

Si ya tienes todos los libros de la Saga SER FELIZ, te felicito, estás contribuyendo con tu ayuda a muchísimas personas vulnerables, ya que el 10% de los beneficios irán destinados a niños y adultos más necesitados.

Enriquécete de todo su contenido, subraya, repite, recuerda lo que más beneficioso sea para ti.

Si todavía no has leído el libro de **"Ser Feliz en el Trabajo de tu Vida"**, te invito a que te sumerjas en sus páginas.

Tiene mensajes muy reveladores del comienzo de este nuevo mundo de la tecnología y revolución digital. Todo ello generó emociones muy potentes en las personas.

Puedes solicitarlo ahora mismo por: 630 750 234

O entrando en la página: www.monicabeltrán.com

Deseo de todo corazón haberte aportado valor a través de este libro, pon en práctica todo lo que te apetezca, hazlo de forma progresiva y en muy poco tiempo verás tus resultados.

RECUERDA: Nunca le cuentes a nadie cuál es tu deseo, que tus actos hablen tan alto que no te haga falta pronunciar una sola palabra. Actúa con fe y con amor y todo te será concedido. Este es mi deseo para ti.

GRACIAS, GRACIAS, GRACIAS

DE TODO CORAZÓN

POR PERMITIRTE SER

¿Cómo podemos mantener el contacto?

Muy fácil, sígueme en las redes sociales:

Mónica Beltrán Pérez

Puedes obtener la Trilogía completa y la Agenda Universal en:

 www.monicabeltran.com

O bien por: **630 750 234**

* Lain García Calvo

Hace dos años, hablando con una amiga de todo este cambio que estaba transformando mi vida, ella me dijo que había visto unos vídeos en YouTube que le habían impactado mucho.

Me repetí constantemente si lo había visto y yo siempre le decía lo mismo, que esa información no era para mí. Yo le repetía que estaba en un momento de acción y que no me podía parar a mirar allí.

Tantas veces me lo dijo y tantas veces aparecía esa información en mi Facebook, que finalmente me paré a mirar y a escuchar.

¡¡¡Fue sensacional!!

Ella me estaba invitando a mirar lo que yo tanto anhelaba, **una información de la mano de una persona que ya tenía resultados**.

Mi primera toma de acción fue escuchar esos vídeos e iniciar el proceso en movimiento.

Compré todos los libros que encontré de esa persona, me empapé de todo el conocimiento que había escrito en esas páginas e inicié mi transformación hacia mi nueva vida.

Hasta el momento, ha sido la mejor inversión que he realizado en mi vida. Todo lo aprendido en este libro y el resto de la saga me ha impulsado de forma abismal, permitiéndome conocerme a mí misma y a mis circunstancias.

Desde entonces no he dejado de seguir a....

¿Conoces este libro?

Imagino que ya lo conocerás y si no es así, aquí te presento el mejor libro de crecimiento personal y evolución para el ser humano que jamás he leído. "LA VOZ DE TU ALMA", bendito nombre y excepcional su contenido.

Su autor, la persona más bondadosa, generosa y amorosa que ha creado el universo, como mentor y experto en superación de todo tipo de adversidades en el plano terrenal.

Su nombre Lain García Calvo, un SER maravilloso que lo único que sabe es DAR, DAR, DAR, DAR, DAR y SEGUIR DANDO, todo conocimiento y sabiduría que llega a sus manos. ¡¡Bendito sea!!

Lain es el líder más influyente, a nivel, nacional e internacional, de crecimiento personal en habla hispana. Ha escrito toda una saga de libros guiado por los pasos de su alma, que están revolucionando el mundo.

Su onda expansiva de amor por la humanidad no hay quien la pare. Ha vendido ya más de 250.000 ejemplares de este libro acompañado de otros.

Jamás podré olvidar ese maravillo instante que me hizo darle la bienvenida a mi nueva vida.

Gracias de todo corazón, Lain, miles y millones de gracias por existir y cruzarte en mi camino en el momento más importante. Sin ti jamás habría podido llevar a cabo este proyecto que hoy ofrezco al mundo y todo fue porque tú me ayudaste a hacerlo.

Gracias por la oportunidad que me has dado y sobre todo por creer en mi capacidad.

Te deseo desde lo más profundo de mi alma que sigas multiplicando tu éxito, pues te lo mereces verdaderamente.

Amigo/a lector/a no pierdas esta gran oportunidad que aquí te hablo y regálate este libro. Hazte con él hoy mismo.

Entra en la página de: www.laingarciacalvo.com y toma la acción que necesitas para escuchar todo lo que nunca te contaron.

¡¡¡HAZLO **AHORA**!!! Y recuerda, mañana no existe.

"LA VOZ DE TU ALMA" te lo agradecerá eternamente.

TRILOGÍA de la Saga "SER FELIZ"

AGENDA UNIVERSAL

¡Es el momento de valorar tu tiempo, tu tesoro!

"Consigue tu Agenda Universal y disfruta de sus más de 300 páginas dedicas para ti"

Esta agenda universal la he creado para que puedas agilizar e invertir de una forma cómoda y fácil, tus momentos de vida.

He querido recoger en ella todos los vídeos y canciones que más me ha ayudado a crecer durante la creación de la saga "SER FELIZ".

- **¿Para quién es esta agenda?**

Para adultos, personas mayores, adolescentes, niños, padres, hijos, abuelos, hermanos, emprendedoras/es, empresarias/os, trabajadoras/es, profesoras/es, funcionarias/os, empleadas/as, etc.... como ves, esta agenda es para todas las personas.

- **¿Qué vas a encontrar aquí?**

Aquí encontrarás canciones actuales, canciones del recuerdo, música que te elevará la vibración, vídeos curiosos, emocionales, vídeos que te sacarán de tu zona de confort incómoda, películas inspiradoras, cuentos para reflexionar, acertijos, cuentos para niños, cortometrajes, experimentos sociales, vídeos de inteligencia financiera, etc....

- **¿Para qué he creado esta agenda?**

Para que puedas entretenerte, divertirte, enriquecerte, crecer emocional y financieramente, reírte y ponerte muy incómodo.

RECUERDA: Esto es un regalo para ti, puedes verlo cuando quieras cuantas veces desees y compartir las canciones, vídeos o reflexiones con quien te apetezca. También puedes enviar el enlace a personas de las que te acuerdes mientras lees, escuchas y miras.

"TU TIEMPO ES TUYO"
TU BRÚJULA LA MUEVES TÚ
PON RUMBO
A LA DIRECCIÓN CORRECTA
Y
¡DISFRUTA DE TU VIDA!

Mónica Beltrán Pérez

www.ingramcontent.com/pod-product-compliance
Lightning Source LLC
Chambersburg PA
CBHW020752160426
43192CB00006B/315